JSCP双書《5》

【新訂版】

生徒指導・進路指導論

黒川雅子・山田知代・坂田仰【編著】

JN015338

教育開発研究所

JSCP 双書刊行にあたって

　日本スクール・コンプライアンス学会（JSCP 学会）は，学校教育における諸課題の研究・実践を通じて，スクール・コンプライアンス研究の発展に寄与することを目的に設立された研究会，旧「教育紛争検討会」を母体としている。

　日本スクール・コンプライアンス学会は，旧「教育紛争検討会」が 2007（平成 19）年 2 月に第 1 回研究会を開催してから，2016（平成 28）年で 10 年目という節目の年を迎えた。この間に見えてきた課題は，教職員が有する学校運営，教育実践面でのコンプライアンスに関わる知識の弱さである。価値観の多様化が進行し，法の「越境」，学校教育の「法化現象」が随所で顕在化している今日，教員養成段階と教員研修の両面でこの弱点を克服する作業が強く求められている。そこで，スクール・コンプライアンスという視点に立ち，10 年の歩みを基礎として JSCP 双書を創刊することを決意した。

　本書『生徒指導・進路指導論』は，JSCP 双書の第五回配本にあたる。執筆にご協力いただいた会員の皆様，特に編集作業に携わってくれた黒川雅子会員，山田知代会員に感謝するとともに，本書が教職課程のテキストとして，広く活用されることを期待したい。

2019（平成 31）年 3 月 1 日

JSCP 学会を代表して

坂田　仰

JSCP 双書《5》

【新訂版】
生徒指導・進路指導論　◇　目次

はじめに

　本書は，教育職員免許法施行規則上規定される「道徳，総合的な学習の時間等の指導法及び生徒指導，教育相談等に関する科目」のうち，「生徒指導の理論及び方法」，「進路指導及びキャリア教育の理論及び方法」に関するテキストとしての性格を有している。

　価値観が多様化するなか，児童生徒，その保護者と意見が衝突し，生徒指導がこれまで通りに進められず，困難を抱える学校が増加している。生徒指導上，児童生徒，その保護者に対する説明力が，教員に必要な資質の一つになっているといえる。

　また，児童生徒が抱える生徒指導関連の諸課題は，複雑化，深層化しており，教員個人のパーソナリティのみで対応することは困難になりつつある。組織として学校がどのように対応するかが鍵を握ると言って過言ではない。

　他方，キャリア教育という用語が教育界で語られるようになってから約20年になる。この間，職業観・就業観を学校において醸成することの重要性が強調されてきた。学習指導要領にも明記されるに至り，学校では，ガイダンス機能，カウンセリング機能を生かした教育実践を重ねていく必要がある。

　本書は，三つの特長を有している。第一に，生徒指導，進路指導，キャリア教育に関わる実践力を検討するにあたり，「教職課程コアカリキュラム」に則して構成した点である。生徒指導，進路指導，キャリア教育に今必要とされている視点を丁寧に概説した。

　第二に，『生徒指導提要（改訂版）』に触れながら論を進めている点である。生徒指導においては，2022（令和4）年12月に，12年ぶりに『生徒指導提要』が改訂されるという大きな変化があった。平成から令和へと時代が移りゆくなか，生徒指導上，学校及び教員

が身につけておくべき知識，スキルが変わりつつある。本書は，章ごとに『生徒指導提要（改訂版）』で描かれている基本的な方向性を示した上で，学校及び教員が，生徒指導を実践する上で必要となる留意点を提示した。

　なお，本書では，特に断りのない限り，2022（令和4）年に発表された『生徒指導提要（改訂版)』を『生徒指導提要』と表記している。

　第三に，日本スクール・コンプライアンス学会の会員が執筆している点である。法規に基づく教育実践の重要性について，特に生徒指導では，章ごとにテーマを理解するために必要となる法規や裁判例を扱い，教育活動上，既に見い出されている課題の検討も加えている。

　本書が，教員志望者はもちろんのこと，現在，生徒指導，進路指導，キャリア教育に日々取り組む教員の方々にとって，教員に求められている生徒指導，進路指導，キャリア教育の知識，スキルについて再考する一助となれば幸いである。

　なお，本書の刊行にあたっては，教育開発研究所の桜田雅美さんに大変御世話になった。いつも丁寧に対応くださる桜田さんにこの場を借りて深く感謝したい。

2024年3月

編著者を代表して　黒川　雅子

第1章 生徒指導の意義と原理

黒川　雅子

はじめに

　児童生徒が成長する過程において，生徒指導は何故必要なのだろうか。生徒指導の学習を始めるにあたり，本章では，この問いについての検討を行うことにしたい。

　そこで，まず，生徒指導の意義について概観する。その上で，生徒指導を担う教員が基本的理解を図ることが必要となる①生徒指導の構造，②生徒指導の方法原理，③生徒指導と教育課程の関係性についての整理を行う。

第1節　生徒指導の意義

　生徒指導とは，「児童生徒が，社会の中で自分らしく生きることができる存在へと，自発的・主体的に成長や発達する過程を支える教育活動のことである。なお，生徒指導上の課題に対応するために，必要に応じて指導や援助を行う」ものである。つまり，生徒指導は，児童生徒が「自己に内在しているよさや可能性に自ら気付き，引き出し，伸ばすと同時に，社会生活で必要となる社会的資質・能力を身に付けることを支える働き（機能）」であると共に，「学校の教育目標を達成する上で重要な機能を果たすものであり，学習指導と並んで学校教育において重要な意義を持つ」ものと言える（『生徒指導提要』12頁）。

　また，生徒指導の目的は，「児童生徒一人一人の個性の発見とよ

さや可能性の伸長と社会的資質・能力の発達を支えると同時に，自己の幸福追求と社会に受け入れられる自己実現を支えること」にあるとされている。ここで言う支えるべき発達とは，「児童生徒の心理面（自信・自己肯定感等）の発達のみならず，学習面（興味・関心・学習意欲等），社会面（人間関係・集団適応等），進路面（進路意識・将来展望等），健康面（生活習慣・メンタルヘルス等）の発達を含む包括的」なものとなる（『生徒指導提要』13頁）。なお，生徒指導の目的を達成するに当たって教員には，児童生徒が，自己理解に基づき主体的に問題や課題を発見し，自己の目標を選択・設定して，この目標を達成するために，自らの行動を決断し，実行する「自己指導能力」を身につけることができるよう留意することが必要である。

第2節　生徒指導の構造と方法原理

1．生徒指導の2軸3類4層構造

　『生徒指導提要』は，生徒指導対応について，時間軸や指導対象，また，課題性の高低といった観点から類別し構造化している。まず，生徒指導の分類については，次のような整理がなされている（**図1－1**）。

　図1－1を見ると，生徒指導を時間軸で「常態的・先行的」と「即応的・継続的」に分けていることが分かる（2軸）。前者においては，日常的に行われる「発達支持的生徒指導」及び「課題予防的生徒指導」のうち，組織的・計画的に実施される「課題未然防止教育」が展開されることが想定されている。また，後者においては，「課題予防的生徒指導」のうち，予兆的・初期段階における「課題早期発見対応」及び，切れ目のない指導・援助が必要となる「困難課題対応的生徒指導」が行われる。なお，ここで言う，①「発達支持的生徒指導」，②「課題予防的生徒指導」，③「困難課題対応的生

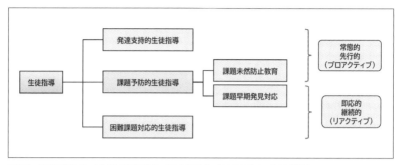

出典）文部科学省『生徒指導提要（改訂版)』（2022年）より引用

図 1 - 1　生徒指導の分類

徒指導」は，生徒指導の課題性の高低による分類である（3類)。

　さらに，これら2軸3類の視点に生徒指導の対象となる児童生徒の範囲を加味すると，4層からなる生徒指導の重層的構造が見えてくる（**図1 - 2**)。

　第1層である「発達支持的生徒指導」や，第2層である「課題予防的生徒指導：課題未然防止教育」については，指導内容の課題性が低いことから，その指導対象は全ての児童生徒が当てはまることとなる。一方，第3層である「課題予防的生徒指導：課題早期発見対応」，さらには第4層の「困難課題対応的生徒指導」については，指導内容の課題性が高くなり，指導対象となる児童生徒がある程度特定されることになる。

　このように，どの段階で，どのような課題を解決するために，誰を対象として生徒指導を行うのかにより，生徒指導の手法は異なっていく。一言で「生徒指導」と言っても，その方法や内容は多様である。それゆえ，教員は，2軸3類4層構造のどこに位置付くものになるのかということについて意識した上で，適した生徒指導を展開することが求められると言えよう。

2．生徒指導の方法原理

　『生徒指導提要』は，生徒指導の方法として，①児童生徒理解,

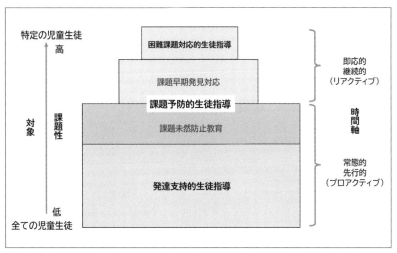

出典）文部科学省『生徒指導提要（改訂版）』（2022年）より引用

図1－2　生徒指導の重層的支援構造

②集団指導，③個別指導をあげている。第一の児童生徒理解については，生徒指導をする上で，教員がもつべき児童生徒を理解しようとする姿勢を指すものと言える。児童生徒の感情の変化や，人間関係の変化を把握することは簡単なことではないため，日常的な観察が何より重要となる。そして，気がついた点については，必要に応じて他の教員や養護教諭，スクールカウンセラー（SC），スクールソーシャルワーカー（SSW）と共有を図り，複眼的な広い視野において児童生徒理解に努めることが求められる。

　また，集団指導は，児童生徒に対し「社会の一員としての自覚と責任，他者との協調性，集団の目標達成に貢献する態度の育成」を図ることができる指導方法と言える。教員は，集団指導が機能するようにするため，一人ひとりの児童生徒が，①安心して生活できる，②個性を発揮できる，③自己決定の機会を持てる，④集団に貢献できる役割を持てる，⑤達成感・成就感を持つことができる，⑥集団での存在感を実感できる，⑦他の児童生徒と好ましい人間関係を築

ける，⑧自己肯定感・自己有用感を培うことができる，⑨自己実現の喜びを味わうことができる，といった点を基盤とした集団づくりを行うように工夫することが求められる（『生徒指導提要』25頁）。

　そして，個別指導には，集団から離れて行う指導と集団指導の場面において個に配慮して行う指導という二つの概念が存在するとされている。問題行動をとった児童生徒に対する個別指導に代表されるように，集団から離れて行う個別指導が生徒指導上有効となることは周知の事実である。

　しかし，個別指導は，問題行動をとった児童生徒に対してのみ行われるものではない。この点，例えば，中央教育審議会答申「「令和の日本型学校教育」の構築を目指して〜全ての子供たちの可能性を引き出す，個別最適な学びと，協働的な学びの実現〜」（2021年）では，通常学級に在籍する障害を有する児童生徒，外国人児童生徒，貧困等の問題により多様化する児童生徒への対応も含め，誰一人取り残さないようにするための個別指導の展開を求めている。したがって，今後，ますます個の課題に応じた生徒指導が重要性を増すことになろう（『生徒指導提要』25-26頁）。

第3節　生徒指導と教育課程

　次に，生徒指導と教育課程の関係性について見ていくこととする。

　学習指導要領総則では，児童生徒が，「自己の存在感を実感しながら，よりよい人間関係を形成し，有意義で充実した学校生活を送る中で，現在及び将来における自己実現を図っていくことができるよう」，児童生徒理解を深め，「学習指導と関連付けながら，生徒指導の充実を図ること」とされている（平成29年版小学校学習指導要領23頁，平成29年版中学校学習指導要領25頁，平成30年版高等学校学習指導要領30頁）。児童生徒の成長を支えるにあたり，生徒指導は独立した教育活動ではなく，学習指導との関連を意識し

た上で展開することが必要とされている。

1. 教科の指導と生徒指導

　教科とは，小・中学校の学習指導要領では「第2章　各教科」に，高等学校学習指導要領では「第2章　各学科に共通する各教科」及び「第3章　主として専門学科において開設される各教科」に示されるものを指す。教科の指導の多くは，学級，ホームルームを単位とした授業により進められる。

　教科の指導が展開される授業は，児童生徒にとって，発達支持的生徒指導の場になり得るものである。したがって，教員は，授業では，児童生徒が自己肯定感や自己有用感を育むことや，個別最適な学びを実現できるように工夫することが求められる。前者においては，授業中に，児童生徒が「自分も一人の人間として大切にされている」ことを感じられたり，集団から認められたという経験ができることが大切となる。また，後者においては，個々の児童生徒が，多様な学習状況にあることや興味・関心が異なることを踏まえ，「どの児童生徒も分かる授業」を心がけることが必要となろう。

　授業は，児童生徒がお互いの考えに関心を抱きあい，共感的な人間関係を育成する機会にもなり得る。さらに，実験や調べ学習等の学習方法により，自ら思考したり，判断したり，表現したりする時間が創出されることから，児童生徒が自己決定を行う大切な機会にもなる。こうした，互いに理解し合う授業の展開を通じて，児童生徒にとって学級・ホームルームが，「心の居場所」となることも期待できる（『生徒指導提要』44-48頁）。

2. 道徳教育における生徒指導

　小・中学校における道徳教育は，特別の教科である道徳（以下，道徳科という）を要として学校の教育活動全体を通じて行われている。また，高等学校においては，人間としての在り方生き方に関する教育が学校の教育活動全体を通じて行われている。

道徳教育は，教育基本法及び学校教育法に定められた教育の根本精神に基づき，自己の（人間としての）[*1]生き方を考え，主体的な判断の下に行動し，自立した人間として他者と共によりよく生きるための基盤となる道徳性を養うことが目標とされている[*2]（平成29年版小学校学習指導要領総則17頁，平成29年版中学校学習指導要領総則19頁，平成30年版高等学校学習指導要領総則19頁）。「児童生徒が，社会の中で自分らしく生きることができる存在へと，自発的・主体的に成長や発達する過程を支える教育活動」である生徒指導もまた，学校の教育活動全体を通じて行われることから，両者は，児童生徒の発達において，密接な関係にある。

　特に，生徒指導の構造に照らすと，道徳科の授業は，「発達支持的生徒指導」の充実に寄与するものと言える。『生徒指導提要』では，道徳科の授業において指導される内容のうち，以下の点について，発達支持的生徒指導につなぐことが出来ると考えられている（51頁）。

・自主的に判断し，誠実に実行してその結果に責任を持つこと

・思いやりの心や感謝の心を持つこと

・相互理解に努めること

・法や決まりの意義を理解し，その遵守に努めること

・公正公平な態度で，いじめや差別，偏見のない社会の実現に努めること

・主体的に社会の形成に参画し，国際社会に生きる日本人としての自覚をもつこと

・生命の尊さを理解し，かけがえのない自他の生命を尊重すること

・自然を愛護し人間の力を超えたものに対する畏敬の念を深めること　　　　　　　　　　　　　　　　　　　　　　　　　　　　など

3．総合的な学習（探究）の時間における生徒指導

　総合的な学習の時間の目標は，「探究的な見方・考え方を働かせ，横断的・総合的な学習を行うことを通して，よりよく課題を解決し，自己の生き方を考えていくための資質・能力」を育成することにある。この資質・能力の一つして，「探究的な学習に主体的・協働的に取り組むとともに，互いのよさを生かしながら，積極的に社会に参画しようとする態度を養う」ことが挙げられている（平成29年版小学校学習指導要領179頁，平成29年版中学校学習指導要領159頁）。ここに示されているように，自己の生き方を考える力，互いのよさを生かしながら積極的に社会に参画しようとする態度といった姿勢を育成するという目標は，「児童生徒が，社会の中で自分らしく生きることができる存在へと，自発的・主体的に成長や発達する過程を支える」教育活動である生徒指導により育てようとする児童生徒像と重なるものと言える。

　また，総合的な学習（探究）の時間において自己の（在り方）生き方を考えるということについて，『生徒指導提要』は，以下の3つの視点を提示している（55頁）[*3]。

> ①人や社会，自然とのかかわりにおいて自らの生活や行動について（高等学校は，「人や社会，自然との関わりにおいて，自らの生活や行動について考えて，社会や自然の一員として，人間として何をすべきか，どのようにすべきかなどを」）考えること
> ②自分にとっての学ぶことの意味や価値を考えること
> ③これら二つのことを生かしながら，学んだことを現在と将来の自己の（在り方）生き方につなげて考えること

　これらの視点は，「児童生徒一人一人の個性の発見とよさや可能性の伸長と社会的資質・能力の発達を支えると同時に，自己の幸福追求と社会に受け入れられる自己実現を支える」という生徒指導の

目的と重なるものと言える。

　また，『生徒指導提要』では，学校は，探究的な学習を実現する探究のプロセスを意識した学習活動を通じて，①主体的に問題や課題を発見する，②自己の目標を設定する，③目標達成に向けて自発的，自律的に，また，他者の主体性を尊重しながら自らの行動を決断する，④実行に移す，といった「自己指導能力」を育むことが可能となるとしている（53頁）。

　このように，総合的な学習（探究）の時間における教育活動では，全児童生徒に向けた発達支持的生徒指導が展開可能なほか，生徒指導が目指す「自己指導能力」の育成も図れることから，生徒指導と密接な関係にあると言える。

4．特別活動における生徒指導

　特別活動の目標は，「集団や社会の形成者としての見方・考え方を働かせ，様々な集団活動に自主的，実践的に取り組み，互いのよさや可能性を発揮しながら集団や自己の生活上の課題を解決することを通し」，「自主的，実践的な集団活動を通して身に付けたことを生かして，集団や社会における生活及び人間関係をよりよく形成するとともに，自己の（人間としての）生き方についての考えを深め，自己実現を図ろうとする態度を養う」といった資質・能力を育成することを目指すことにある[4]（平成29年版小学校学習指導要領183頁，平成29年版中学校学習指導要領162頁）。

　『生徒指導提要』は，特別活動における集団活動を通じて，生徒指導との関わりについては，①所属する集団を，自分たちの力によって円滑に運営することを学ぶ，②集団生活の中でよりよい人間関係を築き，それぞれが個性や自己の能力を生かし，互いの人格を尊重し合って生きることの大切さを学ぶ，③集団としての連帯意識を高め，集団や社会の形成者としての望ましい態度や行動の在り方を学ぶ，と考えることができるとしている（56-58頁）。

　特別活動は，学級活動・ホームルーム活動，児童会活動・生徒会活動（この他，小学校においてのみクラブ活動もある），そして学校行事に分けられる。『生徒指導提要』では，生徒指導との関係を意識してそれぞれの取組について，以下のように整理している（62-66頁）。

【学級活動・ホームルーム活動】

①児童生徒の自主的，実践的な態度や，健全な生活態度が育つ場であること

②発達支持的生徒指導を行う中核的な場であること

③学業生活の充実や進路選択の能力の育成を図る教育活動の要の時間であること

【児童会活動・生徒会活動，クラブ活動】

①異年齢集団活動を通して，望ましい人間関係を学ぶ教育活動であること

②より大きな集団の一員として，役割を分担し合って協力し合う態度を学ぶ教育活動であること

③自発的，自治的な実践活動を通して，自主的な態度の在り方を学ぶ教育活動であること

【学校行事】

①学校生活を豊かな充実したものにする体験的な教育活動であること

②全校又は学年という大きな集団により人間関係を学ぶ教育活動であること

③多彩な内容を含んだ総合的，創造的な教育活動とすることが重要であること

　特別活動は，集団や社会の形成者としての見方や考え方を働かせて，よりよい生活や人間関係を築き，人間としての生き方について

自覚を深め，自己を生かす能力を獲得するなど，生徒指導が中心的に行われる機会となる。それゆえ，各教科等の時間以上に生徒指導の機能が作用していると捉えることができる（『生徒指導提要』60頁）。

おわりに

　本章では，12年ぶりに改訂された『生徒指導提要』を踏まえ，生徒指導の定義や目的，生徒指導の構造や方法原理，そして教育課程との関係性について概観した。生徒指導を時間軸，課題性の程度，指導対象となる児童生徒像により分類された構造を理解することにより，教員が生徒指導を行う際，何に力点をおいて展開するかを意識することが可能となる。効果的な生徒指導を展開する上で，教員は，2軸3類4層構造を把握しておくことが望ましいと言えよう。

　また，児童生徒の健全育成を図る上では，学習指導と生徒指導が車の両輪として機能することが必要となる。この点，教育課程における生徒指導の働きかけが，生徒指導上の諸課題の発生を防止することにつながることを見落としてはならないであろう。

　他方，『生徒指導提要』には，生徒指導に必要な視点として，児童の権利に関する条約や2022（令和4）年に制定されたこども基本法に関する指摘が存在している。児童の権利条約について教員が理解すべき点としては，①児童生徒に対するいかなる差別もしないこと，②児童生徒にとって最もよいことを第一に考えること，③児童生徒の命や生存，発達が保障されること，④児童生徒は自由に自分の意見を表明する権利を持っていること，とする4つの原則を挙げている。また，こども基本法については，全ての子どもについて，年齢，発達に応じてその意見が尊重され，その最善の利益が優先して考慮されること等，同法に規定される基本理念の理解が求められている。

　今後，学校は，子どもの権利に目を向け生徒指導をするにあたり，生徒指導方針と児童生徒の権利に照らした意見との調整をいかに図っていくかという点について，十分な検討を要することになろう。

〈註〉
＊1　括弧書き部分は中学校学習指導要領の記述である。

＊2　平成30年版高等学校学習指導要領では，「道徳教育は，教育基本法及び学校教育法に定められた教育の根本精神に基づき，生徒が自己探求と自己実現に努め国家・社会の一員としての自覚に基づき行為しうる発達の段階にあることを考慮し，人間としての在り方生き方を考え，主体的な判断の下に行動し，自立した人間として他者と共によりよく生きるための基盤となる道徳性を養うことを目標とする」とされている（下線部が平成29年版中学校学習指導要領の記載と異なる箇所である）。

＊3　括弧書き部分は高等学校学習指導要領の記述である。

＊4　註1と同じ。

〈参考文献〉
・新井肇編『「支える生徒指導」の始め方──「改訂・生徒指導提要」10の実践例』教育開発研究所（2023年）

第2章 チーム学校による生徒指導体制

山田　知代

はじめに

　「チーム学校」という考え方が登場して久しい。「チームとしての学校」（以下，引用箇所を除き，チーム学校とする）とは，「校長のリーダーシップの下，カリキュラム，日々の教育活動，学校の資源が一体的にマネジメントされ，教職員や学校内の多様な人材が，それぞれの専門性を生かして能力を発揮し，子供たちに必要な資質・能力を確実に身に付けさせることができる学校」と定義される（中央教育審議会「チームとしての学校の在り方と今後の改善方策について（答申）」2015年〈以下，チーム学校答申とする〉）。今日の生徒指導においても，個々の教員の力量に委ねる形で行うのではなく，チームとして組織で実践していくことが求められている。

　そこで本章では，『生徒指導提要』の第3章に示された内容に基づき，チーム学校による生徒指導体制とはどのようなものかを理解することをねらいとする。具体的には，チーム学校として機能する学校組織に必要な視点を確認した上で（第1節），生徒指導体制（第2節）及び教育相談体制（第3節）を概説し，最後に生徒指導と教育相談が一体となったチーム支援（第4節）について述べていく。

第1節　チーム学校として機能する学校組織

　まず，チーム学校答申が示した，チーム学校を実現するための「3つの視点」に触れておきたい。一つ目は，「専門性に基づくチー

ム体制の構築」である。これは，教員が教育に関する専門性を共通の基盤として持ちつつ，それぞれ独自の得意分野を生かしてチームとして機能すると共に，心理・福祉等の専門スタッフを学校の教育活動の中に位置付け，教員との間での連携・分担の在り方を整備するなど，専門スタッフが専門性や経験を発揮できる環境を充実させていくことを意味する。

　二つ目に，「学校のマネジメント機能の強化」である。教職員や専門スタッフ等の多職種で組織される学校がチームとして機能するよう，校長がリーダーシップを発揮できる体制を整備し，学校内の分掌や委員会等の活動を調整して，学校の教育目標の下に学校全体を動かしていく機能の強化等を進めることが必要とされている。

　そして三つ目に，「教職員一人一人が力を発揮できる環境の整備」である。教職員がそれぞれの力を発揮し，伸ばしていくためには，教職員が専門性を最大限発揮することができるよう「学校の業務改善」に取り組む必要があるとされる。具体的には，校務分掌や校内委員会の持ち方，業務の内容や進め方の見直し，教職員のメンタルヘルス対策等に取り組むことが挙げられている。

　以上の「３つの視点」に加えて，『生徒指導提要』は，チーム学校が機能するための第四の視点として，「教職員間に『同僚性』を形成すること」を挙げている。学校がチームとして実効的に機能するためには，職場の組織風土（雰囲気），言い換えれば，職場の人間関係の有り様が大切であることが強調されている[*1]。これら４つの視点から生徒指導体制を構築することにより，生徒指導を組織的に進めていくことが可能となる。

　だが実際に，知識や経験，価値観や仕事の文化の異なる者同士が，チームとして連携・協働していくのはそう簡単なことではない。そこで，教職員，多職種の専門家など，学校に関係する人々には，①一人で抱え込まない，②どんなことでも問題を全体に投げかける，

③管理職を中心にミドルリーダーが機能するネットワークをつくる，
④同僚間での継続的な振り返り（リフレクション）を大切にする，
という姿勢が求められる（『生徒指導提要』71-72頁）。

第2節　生徒指導体制

1．生徒指導部と生徒指導主事の役割

(1)　生徒指導部の役割

　学校の中には，校務分掌と呼ばれる，教職員の役割分担がある。
児童生徒が，生活委員会や図書委員会などに所属して集団生活の役
割を分担しているように，教職員も学校運営に必要な校務を役割分
担している。校務の分担は実務上，校長が決定する。

　校務分掌の法的根拠として，学校教育法施行規則は，「小学校に
おいては，調和のとれた学校運営が行われるためにふさわしい校務
分掌の仕組みを整えるものとする」（43条）と規定している（中
学校は79条，義務教育学校は79条の8第1項，高等学校は104
条1項，中等教育学校は113条1項，特別支援学校は135条1項
で準用）。生徒指導は，全ての教育活動を通して，全ての教職員が
行うものであるため，全ての校務分掌がその目的や役割に応じて生
徒指導に直接的，間接的に関わることになるが，その中でも，生徒
指導を担う分掌として中核的な役割を果たすのが「生徒指導部」で
ある。校務分掌は各学校ごとに決められるため，その名称は生徒指
導委員会，生活指導委員会など，学校によって異なる。

　図2－1は，中学校における校務分掌の例を示したものである[*2]。
生徒指導部に関する内容についてのみ詳細に示しているが，中学校
以外の学校種においても，それぞれ児童生徒の発達的な特徴を踏ま
えた類似の組織体制が存在している。

　『生徒指導提要』は，生徒指導を進める上で，生徒指導部を中核
的な組織としつつ，「全校的な生徒指導体制を整備・構築」してい

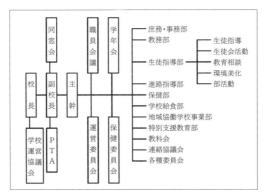

出典）文部科学省『生徒指導提要』（2010年）86頁より引用

図２－１　校務分掌組織図の例（中学校）

くことを求めている。生徒指導体制とは「学校として生徒指導の方針・基準を定め，これを年間の生徒指導計画に組み込むとともに，事例研究などの校内研修を通じてこれを教職員間で共有し，一人一人の児童生徒に対して，一貫性のある生徒指導を行うことのできる

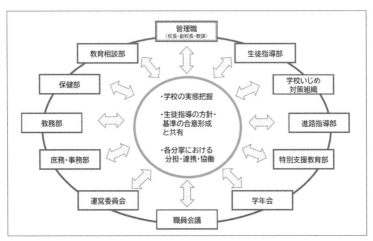

出典）文部科学省『生徒指導提要（改訂版）』（2022年）74頁より引用

図２－２　生徒指導の学校教育活動における位置付け

校内体制」（73頁）を意味する。そのイメージは**図2−2**の通りである。

⑵　生徒指導主事の役割

　生徒指導主事とは，生徒指導部及び全校の生徒指導体制の要となる存在である。学校教育法施行規則では，「中学校には，生徒指導主事を置くものとする」（70条1項）と規定され，中学校・高等学校等では原則として必ず置かれることになっている（義務教育学校は79条の8第1項，高等学校は104条1項，中等教育学校は113条1項，特別支援学校中等部は135条4項，特別支援学校高等部は135条5項で準用）。ただし，「生徒指導主事の担当する校務を整理する主幹教諭を置くときその他特別の事情のあるときは，生徒指導主事を置かないことができる」（70条2項）。小学校については，「教務主任，学年主任，保健主事，研修主事及び事務主任のほか，必要に応じ，校務を分担する主任等を置くことができる」（学校教育法施行規則47条）という規定を受けて，生徒指導主任や生活指導主任等が置かれているのが一般的である。

　生徒指導主事の役割は，「校長の監督を受け，生徒指導に関する事項をつかさどり，当該事項について連絡調整及び指導，助言に当たる」（同規則70条4項）ことである。具体的な役割と，その役割を果たしていくために求められる姿勢については，『生徒指導提要』に以下のように示されている（74-75頁）。

　〈生徒指導主事に求められる主な役割〉

　①校務分掌上の生徒指導の組織の中心として位置付けられ，学校における生徒指導を組織的・計画的に運営していく責任を持つ。なお，教科指導全般や特別活動において，生徒指導の視点を生かしたカリキュラム開発を進めていくことも重要な役割である。

　②生徒指導を計画的・継続的に推進するため，校務の連絡・調整を

図る。

③生徒指導に関する専門的事項の担当者になるとともに，生徒指導部の構成員や学級・ホームルーム担任，その他の関係する教職員に対して指導・助言を行う。

④必要に応じて児童生徒や保護者，関係機関等に働きかけ，問題解決に当たる。

〈生徒指導主事の役割を果たしていくために求められる姿勢〉

①生徒指導の意義や課題を十分に理解しておくこと。

②学校教育全般を見通す視野や識見を持つこと。

③生徒指導上必要な資料の提示や情報交換によって，全教職員の意識を高め，共通理解を図り，全教職員が意欲的に取組に向かうように促す指導性を発揮すること。

④学校や地域の実態を把握し，それらを生かした指導計画を立てるとともに，創意・工夫に基づく指導・援助を展開すること。

⑤変動する社会状況や児童生徒の心理を的確に把握し，それを具体的な指導・援助の場で生かすこと。

２．学年・校務分掌を横断する生徒指導体制

　生徒指導体制をつくる上では，生徒指導部のみに着目するのではなく，各学年や校務分掌を横断するチームを編成するという視点が大切である。例えば，「校長・副校長・教頭等をはじめとする管理職のリーダーシップの下で，学年主任や生徒指導主事，進路指導主事，保健主事，教育相談コーディネーター，特別支援コーディネーターなどのミドルリーダーによる横のつながり（校内連携体制）が形成されること」が想定される（『生徒指導提要』75-76頁）。

　『生徒指導提要』では，生徒指導体制づくりにおいて大切な３つの基本的な考え方として，①「生徒指導の方針・基準の明確化・具体化」，②「全ての教職員による共通理解・共通実践」，③「PDCA

サイクルに基づく運営」が挙げられている（76-77頁）。まず，①「生徒指導の方針・基準の明確化・具体化」では，各学校に対し「生徒指導基本指針」あるいは「生徒指導マニュアル」等を作成し，教職員によって目標が異なるバラバラの実践が行われることを防止することを求めている。

　次に，②「全ての教職員による共通理解・共通実践」に関しては，学校の教育目標として「児童生徒がどのような力や態度を身に付けることができるように働きかけるのか」という点について共通理解を図り，共通理解された目標の下で，全ての教職員が粘り強い組織的な指導・援助を行うことが重要であるとされる（76頁）。例えば，教職員によって指導・援助の方針が異なると，児童生徒や保護者に混乱を招き，不信感を持たせる一因となる。チーム学校として同じ目標を共有しながら足並みを揃えて実践することが肝要である。

　最後に，③「PDCAサイクルに基づく運営」に関しては，計画した生徒指導体制（Plan）の下で進められている取組（Do）が児童生徒にとって効果的なものとなっているかどうか，定期的に点検し（Check），振り返りに基づいて取組を更新し続ける（Action）ことが重要となる。児童生徒や保護者，教職員の声を踏まえて，Plan-Do-Check-ActionのPDCAサイクルに基づき，絶えず生徒指導体制の見直しと適切な評価・改善を行うことが求められる。

３．生徒指導の年間指導計画

　生徒指導を全校体制で推進していくためには，年間指導計画の整備と改善が重要な鍵となる。『生徒指導提要』では，意図的，計画的，体系的な指導につながる年間指導計画を作成・実行するには，以下のような視点に立つ必要があるとしている（79頁）。

・課題早期発見対応ないし困難課題対応的生徒指導だけでない，発達支持的生徒指導及び課題未然防止教育に関する学校の生徒指導

> の目標や基本方針などを，年間指導計画の中に明確に位置付ける。
> ・児童生徒が，将来，社会の中で自己実現を果たすことができる資質・態度や自己指導能力を身に付けるように働きかけるという生徒指導の目的を踏まえて，年間指導計画の作成に当たる。
> ・計画性を重視した効果的な支援を積み上げていく。

　生徒指導の年間指導計画は，各学校ごとに作成されており，校種や学校の実態によって項目や形式は異なる。インターネットで検索すると，複数の学校の年間指導計画を見ることができるので，比較してみるとよいかもしれない。しかし，どの学校でも共通に求められることとして，①児童生徒を支え指導・援助する「時期」と「内容」を明確に記すこと，②教育課程との関わりを具体的に明らかにすること，③計画の中に生徒指導に関する教職員研修の機会を組み入れること，④計画の中に担当部署や担当者名を明記するなど，教職員一人ひとりに当事者意識を喚起する工夫を図ること，に留意して作成する必要がある（『生徒指導提要』79-80頁）。

第3節　教育相談体制

　「教育相談」に関する事項は，旧生徒指導提要では「第5章　教育相談」の内容であったが，新しい『生徒指導提要』では，「第3章　チーム学校による生徒指導体制」の中の1節として整理された。

1．教育相談の基本的な考え方と活動の体制

　教育相談の目的は，「児童生徒が将来において社会的な自己実現ができるような資質・能力・態度を形成するように働きかけること」であり，生徒指導と教育相談の目的には共通する点がある（『生徒指導提要』80頁）。『生徒指導提要』では，「教育相談は，生徒指導の一環として位置付けられ，重要な役割を担うものである」ことが明記され，生徒指導と教育相談を一体化させて全教職員が一致

して取組を進めるため，教職員には，以下のような姿勢が求められるとしている（80頁）。

①指導や援助の在り方を教職員の価値観や信念から考えるのではなく，児童生徒理解（アセスメント）に基づいて考えること。
②児童生徒の状態が変われば指導・援助方法も変わることから，あらゆる場面に通用する指導や援助の方法は存在しないことを理解し，柔軟な働きかけを目指すこと。
③どの段階でどのような指導・援助が必要かという時間的視点を持つこと。

2．教育相談活動の全校的展開

『生徒指導提要』では，生徒指導の構造が「2軸3類4層構造」に整理されたこと（第1章参照）と連動して，教育相談活動についても次の4つ（4層）に整理して説明されている（82-85頁）。

(1) 発達支持的教育相談

「発達支持的教育相談」とは，「様々な資質や能力の積極的な獲得を支援する教育相談活動」である（82頁）。全ての児童生徒を対象に，一人ひとりの成長・発達の基盤をつくるものであり，個別面談やグループ面談等の相談活動だけでなく，特別活動や教科学習等の通常の教育活動においても，発達支持的教育相談の視点を意識しながら実践することが重要である。

(2) 課題予防的教育相談：課題未然防止教育

「課題予防的教育相談：課題未然防止教育」とは，「全ての児童生徒を対象とした，ある特定の問題や課題の未然防止を目的に行われる教育相談」である（82頁）。例えば，全ての児童生徒を対象に，いじめ防止や暴力防止のためのプログラムを，スクールカウンセラー（以下，SCとする）の協力を得ながら生徒指導主事と教育相談コーディネーター[*3]が協働して企画し，担任や教科担任等を中心

に実践する取組などが挙げられている。

(3) 課題予防的教育相談：課題早期発見対応

　「課題予防的教育相談：課題早期発見対応」は、「ある問題や課題の兆候が見られる特定の児童生徒を対象として行われる教育相談」である（82頁）。例えば、発達課題の積み残しや何らかの脆弱性を抱えた児童生徒、あるいは環境的に厳しい状態にある児童生徒を早期に見つけ出し、即応的に支援を行う場合などである。「早期発見」にあたっては、「丁寧な関わりと観察」や「定期的な面接」、「質問紙調査」などを通じて、教職員が積極的に危機のサインに気付こうとする姿勢を持つことが大切である。そして、「早期対応の方法」として代表的なものには、①スクリーニング会議（教育相談コーディネーター、生徒指導主事、特別支援教育コーディネーター、養護教諭、SC、スクールソーシャルワーカー（以下、SSWとする）等が集まり、リスクの高い児童生徒を見いだし、必要な支援体制を整備するために開催される会議）、②リスト化と定期的な情報更新（身体面、心理面、対人関係面、学習面、進路面などの領域で気になる児童生徒をリスト化し、定期開催されるスクリーニング会議で確認し、リストの情報をアップデートすること）、③個別の支援計画（ケース会議の対象となる援助ニーズの高い児童生徒について具体的な支援策を明示するために作成）、④グループ面談（特定のテーマあるいはリスク要因の観点から対象者をピックアップしてグループ面談を行うこと）、⑤関係機関を含めた学校内外のネットワーク型による支援（リスクの高い状態にある児童生徒に対して、相談できる人的ネットワークや学校以外に安心できる居場所を見つけ確保すること）が挙げられている。

(4) 困難課題対応的教育相談

　「困難課題対応的教育相談」は、「困難な状況において苦戦している特定の児童生徒、発達や適応上の課題のある児童生徒などを対

象」とするものである（85頁）。このような児童生徒に対しては「ケース会議を開き，教育相談コーディネーターを中心に情報収集を行い，SCやSSWの専門性を生かしながら，教育，心理，医療，発達，福祉などの観点からアセスメントを行い，長期にわたる手厚い支援を組織的に行うことによって課題の解決」を目指すとしている（85頁）。

第4節　生徒指導と教育相談が一体となったチーム支援

『生徒指導提要』は，生徒指導と教育相談が相まってはじめて，「包括的な児童生徒支援」が可能になるとしている（88頁）。生徒指導が校務分掌に位置付けられているのと同様に，教育相談や特別支援教育，キャリア教育についても，校務分掌の中に位置付けられているのが一般的である。しかし，いじめや暴力行為は生徒指導，不登校は教育相談，進路についてはキャリア教育（進路指導），障害については特別支援教育が担当する，というように縦割りの意識と分業的な体制が強すぎると，複合的・重層的な課題を抱えた児童生徒への適切な指導・援助が阻害されてしまう状況が生じかねない。そこで，『生徒指導提要』は，「児童生徒一人一人への最適な指導・援助が行えるように，それぞれの分野の垣根を越えた包括的な支援体制をつくること」を求めている（89頁）。

第一に，課題を抱えて苦戦したり，危機に陥ったりした児童生徒に対して，生徒指導と教育相談の連携を核に，多職種との協働も視野に入れた包括的な支援をチームとして展開するプロセスを示すと，図2-3のようになる。

第二に，全ての児童生徒を対象にした発達支持的生徒指導及び課題未然防止教育において，管理職のリーダーシップの下，全校体制で取り組むチーム支援のプロセスを示すと，図2-4のようになる。

①チーム支援の判断とアセスメントの実施

　　生徒指導主事や教育相談コーディネーター等が中心となり，関係する複数の教職員等が参加するアセスメントのためのケース会議を開催し，チーム支援の必要性と方向性について判断。

②課題の明確化と目標の共有

　　課題を明確化し，具体的な目標（方針）を共有した上で，それぞれの専門性等を生かした役割分担を実施。目標は，長期目標（最終到達地点）と，それを目指すスモールステップとしての短期目標を用意。

③チーム支援計画の作成

　　アセスメントに基づいて，「何を目標に（長期目標と短期目標），誰が（支援担当者や支援機関），どこで（支援場所），どのような支援を（支援内容や方法），いつまで行うか（支援期間）」を記載した「チーム支援計画」を作成。

④チーム支援の実践

　　チーム支援計画に基づき，チームによる指導・援助を実施。その際，定期的なチームによるケース会議の開催，関係者間の情報共有と記録保持，管理職への報告・連絡・相談を欠かさぬよう留意。

⑤点検・評価に基づくチーム支援の終結・継続

　　チーム支援計画で設定した長期的，短期的な目標の達成状況について学期末や学年末に総括的評価を実施。目標が達成されたと判断された場合は，チーム支援を終結。年度を越える場合は，新年度にケース会議を開催してアセスメントを行い，チーム支援計画を見直して支援を継続。

出典）文部科学省『生徒指導提要（改訂版）』（2022年）90-93頁を基に作成

図2‐3　チーム支援のプロセス
（困難課題対応的生徒指導及び課題早期発見対応の場合）

①学校状況のアセスメントとチームの編成

　学校や学年，学級・ホームルーム，児童生徒の全体状況の把握（アセスメント）においては，多角的・多面的でかつ客観的な資料を得ることが重要（例えば，自校の不登校やいじめ，暴力行為などの経年変化や生徒指導記録から問題行動の傾向や特徴を丁寧に読み取る等）。アセスメントと並行して，校長のリーダーシップの下，取組を推進する核となるチームを校務分掌や学年を横断して編成。

②取組の方向性の明確化と目標の共有

　得られた情報を分析して，学校や児童生徒の課題及び児童生徒の成長を支える自助資源・支援資源などを見いだし，具体的な教育活動に結びつける。明確な目標を設定し，教職員間で共有。

③取組プランの作成

　取組プランを作成するに当たっては，学校を取り巻く環境を内部環境と外部環境に区分し（内部環境：児童生徒，教職員，校内体制，施設，校風や伝統など，外部環境：保護者，地域住民，関係機関，自然・風土，産業など），それぞれの「強み」と「弱み」を洗い出し，実現可能な取組の方向性を探る。

④取組の具体的展開

　目標達成に向けて，時間的な展望（在学期間を見据えた長期的な取組，学年・学期というスパンでの中期的な取組，教科のある単元や一つの学校行事という短期間での取組）を持ちながら，児童生徒の発達段階や学校・地域の実情に即して取組を展開。

⑤点検・評価に基づく取組の改善・更新

　実行（Do）したことを振り返り，その効果を点検・評価（Check）し，必要に応じて改善策（Action）を考え，さらに新たな計画（Plan），実践（Do）につなげることを繰り返す（PDCAサイクル）。

出典）文部科学省『生徒指導提要（改訂版）』（2022年）94-96頁を基に作成

図２－４　チーム支援のプロセス
（発達支持的生徒指導及び課題未然防止教育の場合）

おわりに

　本章では，『生徒指導提要』の第3章に示された内容に基づき，「チーム学校による生徒指導体制」を概観してきた。だが残念ながら，『生徒指導提要』では当たり前のように登場するSCやSSW，教育相談コーディネーターは，実際には十分に配置されているわけではない。学校現場の実情に目を向けると，SCは週1回（4時間以上）配置されていれば恵まれている方で，来校日のSCの予約枠は常に一杯という学校も少なくない。悩みを抱えている児童生徒をSCやSSWにつなぐのに時間がかかる状況である。さらに，「教育相談コーディネーターが不足している，力量が十分ではない」との声も聞かれる。『生徒指導提要』を単なる理想の姿で終わらせないためにも，チーム学校による生徒指導体制を支える人員の充実が望まれる。同時に，教職員一人ひとりが，生徒指導や教育相談の力量を上げていくことも不可欠と言えよう。

〈註〉
＊1　この点については『生徒指導提要』第1章「1.4.1　教職員集団の同僚性」で詳述されているので必要に応じて参照されたい。
＊2　『生徒指導提要』では，旧生徒指導提要に記載されていた「校務分掌組織図の例（中学校）」が削除されているため，旧生徒指導提要に掲載された図を使用している。
＊3　『生徒指導提要』では，「教育相談コーディネーターは，全ての学校に配置されているとは限らない。また，学校により名称も様々で，教育相談主任，教育相談担当と呼ばれている場合もある」とし，「それらを総称して，教育相談コーディネーターと表記する」とされている（21頁）。

〈参考文献〉
・文部科学省『生徒指導提要（改訂版）』（2022年）
・中村豊編著『生徒指導提要　改訂の解説とポイント─積極的な生徒指導を目指して』ミネルヴァ書房（2023年）

第3章 校則

國本　大貴

はじめに

　本章では，校則の法的問題（内容の限界を含む）について検討を行う。また，その検討結果に基づく，法的な問題意識を前提とした校則の見直しの意義についても，最後に指摘する。

　なお，『生徒指導提要』では，「児童生徒が遵守すべき学習上，生活上の規律として定められる校則は，児童生徒が健全な学校生活を送り，よりよく成長・発達していくために設けられるもの」であると説明される（101頁）。これは，校則の教育的意義の説明であり，決して校則の法的性質に言及したものではないが，校則の法的問題の検討や見直しにあたっては，このような教育的意義があることを考慮に入れる必要がある。このような校則の教育的意義と法的問題の関係性については，校則の内容の限界に関する検討等で指摘する。

第1節　校則の法的根拠，法的問題

1．校則の内容

　「校則」の名称は，「〜のきまり」，「生徒心得」など，学校ごとに様々である。また，校則に必須記載事項はなく，学校ごとに，様々な規定があり得る。代表的なものとしては，通学関連（登下校の時間，自転車，バイクの使用制限等），校内生活関連（日直，給食，校内での禁止事項等），服装・髪型関連（制服，染髪・髪の長さ等），所持品関連（学校への持ち物，不要物の持参禁止等），校外生活関

連（校外での遊び方，校外の服装，アルバイトの制限等）等がある[*1]。

2．校則の法的根拠・性質

　詳らかに挙げるスペースはないが，校則の法的根拠（及び法的性質）に関しては，様々な見解がある。代表的なものとしては，明確な制定法上の根拠のない，非強行的な生活指導規定であるとする説（市川須美子『学校教育裁判と教育法』三省堂〈2007年〉119頁等），入学時に学校と生徒の間で観念的に締結される在学契約（ないしは在学関係）に基づき校則を制定できるとする説（坂東司朗・羽成守編『〈新版〉学校生活の法律相談』学陽書房〈2008年〉126頁等），校長及び教員の懲戒権（学校教育法11条）を根拠とする説（神内聡『スクールロイヤー　学校現場の事例で学ぶ教育紛争実務Q&A170』日本加除出版〈2018年〉294-295頁。なお，神内は，私立学校等の校則制定権の根拠は在学契約であるとする。），学校という公の施設の利用関係を規律するための行政立法である管理規則として捉える説（神戸地方裁判所判決平成6年4月27日。上告審（最高裁判所第一小法廷判決平成8年2月22日）も参照）等がある。

　裁判例上は，学校が法律上格別の規定がなくとも校則を一方的に制定でき，生徒も校則上の規律に服することを義務付けられると説明することが多い。もっとも，いずれの見解であっても，第2節で後述するとおり，その内容には限界があるものとされる。

3．校則の法的問題

⑴　校則運用の構造

　校則に違反した場合，学校は，当該違反した児童生徒に対して指導する。違反の内容によっては，学校内の指導方針に沿った特別指導や退学，停学等の懲戒処分が行われる。

　このように，問題となる校則は，「〜してはならない」「〜しなけ

ればならない」等のように，特定の行為を禁止し，又は義務付ける
ことが通常である。そして，校則違反があった場合には，当該違反
に対応する一定の生徒指導や懲戒（処分）を行う。学校内で，生徒
指導や懲戒の基準が定められていることもある。

(2) 校則問題の整理

　以上の校則運用の構造を前提にすると，観念的には，（Ⅰ－a）
特定の行為を禁止する又は義務付ける校則の違法性，（Ⅰ－b）校
則に違反した児童生徒に対する懲戒（処分）規定の違法性，（Ⅱ）
校則違反をした児童生徒に対して実際に行われた生徒指導や懲戒
（処分）の違法性という，３つの違法性の問題がある。（Ⅰ－a）及
び（Ⅰ－b）は規定の問題であり，（Ⅱ）は実際に行った指導の問
題である。校則問題としてよく取り上げられるのは，（Ⅰ－a）の
問題であり，これについて違法と判断した裁判例は，本稿執筆時点
では存在しない。他方，（Ⅱ）について違法と判断した裁判例は存
在する。また，実際には，（Ⅰ－b）は不文律となっている学校も
ある。

(3) 訴訟要件の問題

　校則違反がない場合や校則違反を理由とする懲戒等を行っていな
い場合，（Ⅱ）は問題とならない。もっとも，違反した場合の処分
等の記載のない校則を制定することそれ自体は，抗告訴訟（行政庁
に処分を取り消すこと，義務付けること等を求める行政事件訴訟の
類型。行政事件訴訟法３条１項）の対象となる「処分」（同条２項
参照）に該当しないため，不適法（訴え却下）となるとした判例が
ある（最高裁判所第一小法廷判決平成８年２月22日前掲）。すな
わち，抗告訴訟では，校則に基づく具体的な懲戒等があって初めて
校則の違法性が裁判の俎上に載る。そのため，校則が法的に問題と
なる場面では，ほとんどの場合，（Ⅱ）も問題となる。

第2節　校則の内容の限界

1．裁判例

(1)　事案の概要

　近時の裁判例においても，大阪府立高校に在籍していた生徒が，高校教員らから頭髪指導として頭髪を黒く染めるよう繰り返し強要され，高校に登校しなくなった後は生徒名簿から氏名を削除される等したことから精神的苦痛を被ったこと等を理由として，国家賠償請求等を行った例がある（大阪高等裁判所判決令和3年10月28日，大阪地方裁判所判決令和3年2月16日。以下，大阪染髪校則事件判決とする）。なお，本件は上告棄却，不受理決定がされている（最高裁判所第二小法廷決定令和4年6月15日）。同事件の中で，(Ⅰ-a)染髪を禁じた校則（「頭髪は清潔な印象を与えるよう心がけること。ジェル等の使用やツーブロック等特異な髪型やパーマ・染髪・脱色・エクステは禁止する。また，アイロンやドライヤー等による変色も禁止する。カチューシャ，ヘアバンド等も禁止する。」〈以下，本件校則とする〉）の違法性，(Ⅰ-b)「頭髪検査の結果，本件校則に違反していると認められた時は，原則として，4日以内に手直し（地毛の色に染め戻すこと）をしなければならないこととされ，それがされない場合や不十分な場合は，さらに4日以内に手直しをしなければならない。」とされた生徒指導方針（以下，本件指導方針とする）の違法性及び(Ⅱ)実際に行われた頭髪指導等の違法性が問題となった。

(2)　判決要旨

　大阪染髪校則事件判決では，地裁，高裁ともに，本件校則は適法であると判断された（下線は筆者）。

　「本件高校は，学校教育法上の高等学校として設立されたものであり法律上格別の規定がない場合であっても，その設置目的を達成

するために必要な事項を校則等によって一方的に制定し，これによって生徒を規律する包括的権能を有しており，生徒においても，当該学校において教育を受ける限り，かかる規律に服することを義務付けられるものと認められる。そうすると，生徒が頭髪の色を含む髪型をどのようなものにするかを決定する自由についても，上記規律との関係で一定の制約を受けることになる。そして，このような包括的権能に基づき，具体的に生徒のいかなる行動についてどの範囲でどの程度の規制を加えるかは，各学校の理念，教育方針及び実情等によって自ずから異なるのであるから，本件高校には，校則等の制定について，上記の包括的権能に基づく裁量が認められ，校則等が学校教育に係る正当な目的のために定められたものであって，その内容が社会通念に照らして合理的なものである場合には，裁量の範囲内のものとして違法とはいえないと解するのが相当である。」

「本件高校は，……開校した平成Y年4月の当時，問題行動に走る生徒が多く，その改善が求められていた状況にあったこと，本件高校は，頭髪や服装の乱れが生徒の問題行動に発展する可能性があることから頭髪や服装等に対する指導に力を入れてきたこと，本件校則は，華美な頭髪，服装等を制限することで生徒に対して学習や運動等に注力させ，非行行動を防止するという目的から定められたものであること，本件校則における頭髪規制の内容は，特異な髪型やパーマ・染髪・脱色・エクステ等を禁止するものであることが認められる。このような，本件高校の開校当時の状況や生徒指導の方針等からすれば，華美な頭髪，服装等を制限することで生徒に対して学習や運動等に注力させ，非行行動を防止するという目的は，学校教育法等の目的に照らしても正当な教育目的であると言い得るし，一定の規範を定めてその枠内において生徒としての活動を推進させることにより，学習や運動等に注力させるという手法は一定の合理性を有すると言い得る。また，本件校則における頭髪規制の内容は，

染髪，脱色及び一部の特異な髪型を規制するにとどまるものであって，その制約は一定の範囲にとどまっている。(筆者註：高裁判決では，「特異な髪型や染髪，脱色等を一律に規制するものではあるが，規制の内容はなお一定の範囲にとどまっていると言い得る。」と修正。)そして，中学校以下の学校教育の場合とは異なり，生徒は自ら高等学校の定める規律に服することを前提として受験する学校を選択し，自己の教育を付託するのであるから，当該学校に在籍する期間に限って本件校則のような制約を生徒に課すとしても，その事が生徒に過度な負担を課すものとはいえず，それが社会通念に反するともいえない。(筆者註：高裁判決では削除。)以上のような諸点に鑑みれば，本件校則における頭髪規制は，正当な教育目的のために定められたものであって，その規制の内容についても社会通念に照らして合理的なものと言い得る。」

２．校則の違法性の判断枠組（Ⅰ－ａ）

⑴　校則の違法性の判断枠組

　昭和女子大事件最高裁判決（最高裁判所第三小法廷判決昭和49年7月19日）では，「大学は，国公立であると私立であるとを問わず，学生の教育と学術の研究を目的とする公共的な施設であり，法律に格別の規定がない場合でも，その設置目的を達成するために必要な事項を学則等により一方的に制定し，これによつて在学する学生を規律する包括的権能を有するもの」とする一方で，かかる包括的権能は無制限なものではなく，「在学関係設定の目的と関連し，かつ，その内容が社会通念に照らして合理的と認められる範囲においてのみ是認されるもの」であると解する。このような，大学の学則等の内容の限界は，学校の校則の内容の限界という問題（Ⅰ－ａ）における判断枠組として，以後の裁判例に引き継がれている（熊本地方裁判所判決昭和60年11月13日〈男子生徒の頭髪を「丸刈，長髪禁止」とする規制〉，最高裁判所第一小法廷判決平成8

年7月18日〈パーマ等を禁止する規制〉，東京高等裁判所判決平成4年3月19日〈バイク運転免許取得等を禁止する規制〉等）。

　大阪染髪校則事件判決でも，同様に，①本件校則の目的が学校教育に係る正当な目的のために定められたものかどうか，②本件校則の内容が社会通念に照らして合理的なものであるかどうか，という判断枠組が示されている[*2]。

(2)　校則の目的

　校則の法的限界を検討するにあたってまず重要なのが，校則の目的である。校則の目的は，学校教育法等の目的に照らして，正当な教育目的でなければならない。過去の裁判例では，非行の防止，勉学への専念，生徒の生命維持等が挙げられる。正当な目的ではない，と判断された例はなく，大阪染髪校則事件判決でも，「華美な頭髪，服装等を制限することで生徒に対して学習や運動等に注力させ，非行行動を防止するという目的は，学校教育法等の目的に照らしても正当な教育目的である」と肯定している。もっとも，これらの目的が，本当に「教育目的」と言い得るか否かは，疑問を挟む余地が多分にあるように思われる[*3]。

(3)　校則の内容（手段）

　校則の「内容が社会通念に照らして合理的」であるかどうかは，当該校則の内容（手段）によって，目的達成を促進し得るかどうか（適合性）が特に重要である[*4]。

　大阪染髪校則事件判決でも，一定の規範を定めてその枠内において生徒としての活動を推進させることが学習や運動等への注力に資することを，合理性を認定する理由の一つとして判示している。もっとも，この点は，本来であれば「華美な頭髪や服装等の制限」が学習や運動等への注力，ひいては非行化の防止にどのように繋がるのか，といった精査が必要になると思われる。

　なお，校則裁判に対する批評等においては，他により制限的でな

い手段はないか（もっと児童生徒の自由を制限せずに目的を達成できる手段がないか），達成しようとする目的は校則によって制限する児童生徒の自由よりも重要か，といった視点が提示されることもあるが，これらの視点は，学校（校長）の裁量の範囲内の問題であるとして，違法性判断の要素になりにくい傾向にある。

(4) 小括

　このように，裁判実務上では，教育上の裁量が広範であることから判断枠組も緩やかであり，違法とは判断されにくいのが実情である。他方，後述するような校則の見直しが全国的に進むことで，本当に「教育目的」と言い得るのか，校則の内容（手段）が教育目的のために有用であるのか，といった観点がより厳密に問われる可能性もある。

　なお，旧生徒指導提要には校則の例示があったが，これらは2022（令和4）年の改訂の際に削除されている。「華美な頭髪や服装等の制限によって，学習や運動等への注力を図る」等，裁判例で用いられる理論の当否についても一切記載がない。従来適法とされてきた校則であっても，教育的意義からすれば耐え得るものではなくなった，と捉えられるようにも思われ，将来の法的判断に影響することも考えられる。

第3節　校則指導の在り方

1．校則違反に基づく指導方針（Ⅰ－b）

　大阪染髪校則事件判決では，本件指導方針，すなわち，校則違反者に対する指導方針の違法性も争点となっている。紙幅の都合上詳細は割愛するが，地裁，高裁ともに，何らの頭髪指導を行わないという状態に陥った場合に，本件校則の目的が達成できなくなるおそれが生じることが否定できないこと，当該生徒の受ける不利益も一定の限度に留まっていること等の理由から，「本件校則の目的を達

成するための指導方針として，社会通念上も合理性のあるものと認められる。」としている。

２．校則及び生徒指導指針に基づく懲戒等（Ⅱ）

　同高校の教員が，期限を定めて，何度も頭髪を黒く染め戻してくるよう指導したこと，かかる指導に従わないこと等を理由に別室指導としたことについて，いずれも「その態様，方法，程度において本件高校の教員らの有する教育的指導における裁量の範囲を逸脱した違法があったということはできない。」とした。（なお，生徒名簿から原告の氏名の削除がされており，これが違法であるとの判断がされているが，主題との関係で割愛する。）

　また，私立高校において，男女の交際禁止を定めた校則に違反したことを理由とした自主退学勧告が違法であると判示した裁判例（東京地方裁判所判決令和４年 11 月 30 日）がある。同裁判例では，「校長の裁量権の行使としての当該勧告が，全くの事実の基礎を欠くか又は社会通念上著しく妥当を欠き，裁量権の範囲を超え，又は裁量権を濫用してされたと認められる場合に限り，不法行為法上違法であると判断することになるものと解される。」とされ，行政事件訴訟において使用される，いわゆる判断過程審査と類似の判断枠組が示された。具体的な考慮要素としては，校則違反の態様，反省の状況及び平素の行状，従前の学校の指導及び措置，自主退学勧告をした場合又はしない場合における本人及び他の生徒への影響，自主退学勧告に至る経過等が挙げられている[*5]。

第４節　校則の見直し

１．見直しの意義

　『生徒指導提要』の「3.6.1（3）校則の見直し」では，校則の見直しを行うべきこと，見直しに際して，児童生徒や保護者等の学校関係者からの意見の聴取，確認又は議論等の手続をとることが望ま

しいものとされていること等が指摘されている。また，見直しに関して校則を公表（ホームページへの掲載）する取組例にも言及がある（102-103頁）。

　このような校則の見直しは，実体的にも手続的にも，法律上要求されているわけではない。よって，校則の見直しをしないことは，必ずしも違法となるわけではない。もっとも，校則の見直しが全国的に推奨されていること，『生徒指導提要』の改訂を経て，生徒指導（支援）観の社会的変化がありうること，校則の内容が社会的なレピュテーションに繋がり得ること等から，適切な校則の見直しによって，法的・教育的に適切な内容となっているかどうかを継続的に検討することは非常に重要である。

　現在，「ブラック校則」と称して，不合理と思われる校則の撤廃や改訂等を求める運動も盛んに行われているところ，校則に関する議論はかなり錯綜している。学術的な批判でさえ，教育論（又は主観的な教育理念）と法律論をないまぜにしているものがほとんどを占めており，悲惨である。

　このように混沌としている議論状況下において，校則の見直しが功を奏するためには，裁判例における校則の違法性判断における考慮要素を前提に，視点を整理することが有益である。

2．見直しの視点

　校則は，学校ごとに制定され，かつ運用されるものであるから，その学校の教育方針に沿ったものでなければならない。そのため，一律に校則の内容を示すことは難しく，結局は，学校ごとの背景事情に応じた決まりごとを作るしかない。もっとも，校則を見直す際の視点は，これまでに見た裁判例の分析結果が参考になる。

　まずは，大きな柱となる校則の目的を検討することがよいと思われる。抽象的には，「安心安全な学校にする」等が考えられる。次に，校則のそれぞれの内容が，当該目的を達成するための手段とし

て有用であるかどうかを検討する。

　なお，上記のとおり，より制限的でない手段はないか，達成しようとする目的は校則によって制限する児童生徒の自由よりも重要か，といった視点は違法性判断の要素になりにくい。しかし，これらの視点が重要でないわけではなく，裁判所は，学校に教育裁量があるために，より踏みこんだ判断を控えているに過ぎない。そのため，これらの視点からの見直しも，学校が教育裁量を有していることの意味を理解したうえで，行うことが望ましい。

３．他例との比較

　また，上記の整理に加えて，実際にどのように見直すのか，という解像度を上げることも重要である。他校や教育委員会と協力しながら，又は参考文献にあげた資料に記述のある実例を参照しながら，校則の在り方を見直すことが望ましい。もちろん，他例に従うべきであるということではない。

４．校則違反に対する指導方法の見直し・明確化

　第３節のとおり，校則は禁止規定のみを定める場合が多いと思われるが，違反した場合の指導も重要である。高等学校や義務教育段階の私立学校等であれば，最終的には退学処分となる（第５章を参照）が，このような懲戒処分の基準も校則と合わせて内部で確認しておく必要がある。

〈註〉

＊１　黒川雅子「校則─価値観多様化のなかで─」坂田仰編著『生徒指導とスクール・コンプライアンス』学事出版（2015年）123頁参照。

＊２　目的手段による審査手法については，石川健治ほか編『憲法訴訟の十字路──実務と学知のあいだ』弘文堂（2019年）。特に，泉徳治「最高裁の『総合的衡量による合理性判断の枠組み』の問題点」（335頁以下）を参照。

＊３　例えば，長谷部恭男『憲法の理性　増補新装版』東京大学出版会

（2016 年）147 頁参照。

＊4　國本大貴「生活指導基準としての校則の違法性審査における適合性の位置付け」『スクール・コンプライアンス研究』第10号（2022年）48頁参照。

＊5　懲戒処分一般の考慮要素については，斗谷匡志「学校における学生，生徒に対する懲戒処分（特に退学処分）をめぐる問題」『判例タイムズ』1417号（2015年）13頁（特に24頁以下）を参照。

〈参考文献〉
・文部科学省『生徒指導提要（改訂版）』（2022 年）
・文部科学省初等中等教育局児童生徒課「校則の見直し等に関する取組事例について」（令和3年6月8日付け事務連絡）
・浦野東洋一ほか編『校則，授業を変える生徒たち　開かれた学校づくりの実践と研究──全国交流集会Ⅱ期10年をふりかえる』同時代社（2021年）11-152 頁
・苫野一徳監修，古田雄一・認定NPO法人カタリバ編著『校則が変わる，生徒が変わる，学校が変わる──みんなのルールメイキングプロジェクト』学事出版（2022年）45-109 頁

田中　洋

第4章　体罰

はじめに

　体罰は，学校教育法11条によって明確に禁止されている。それにもかかわらず，学校では体罰が繰り返され，それを理由として懲戒処分等を受ける教員が後を絶たない。本章では，なぜそのような事態が生じるのか，主に文部科学省の通知や裁判例等を概観することによって，検討してみたい。

第1節　体罰の現状

　まず，体罰が実際にどの程度行われているのか，文部科学省が実施している調査を基に確認してみたい。図4－1は，体罰を理由に懲戒処分等を受けた公立学校教員の人数の推移である。

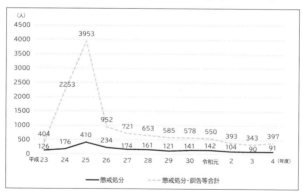

出典）文部科学省「公立学校教職員の人事行政状況調査について」を基に作成

図4－1　体罰に係る教員の懲戒処分等の状況

　3,953人が懲戒処分等を受けた2013（平成25）年度以降は減少傾向にあり，2022（令和4）年度は397人で，前年度よりも54人増加しているものの，下げ止まり傾向にあるように見てとれる。少なくとも過去10年程度のスパンで見ると，毎年相当数の教員が処分を受けていることがわかる。

　体罰の状況について，もう少し詳しく見てみたい。公立学校に加えて国立及び私立学校を含めた全体では，2022（令和4）年度において572件体罰が発生し，前年度よりも133件の増加となっている。学校種ごとにみると，高等学校，次いで中学校が，発生件数及び発生率ともに高いことがわかる（**表4-1**）。体罰発生件数のほとんどを占める小学校・中学校・高等学校にしぼって，さらに体罰時の状況を見てみる。最も多い場面は，小学校・中学校が「授業中」，高等学校が「部活動」であり（**図4-2**），最も多い場所は，小学校・中学校が「教室」，高等学校が「運動場・体育館」である（**図4-3**）。

表4-1　学校種ごとの体罰発生件数及び発生率

	発生件数（件）	発生率（%）
幼稚園	1	0.00
小学校	157	0.04
中学校	160	0.06
義務教育学校	1	0.02
高等学校	233	0.10
中等教育学校	1	0.04
特別支援学校	19	0.02
合計	572	0.05

※発生率は，体罰の発生件数を本務教員数で割ったもの。本務教員数は学校基本調査による。
出典）文部科学省「体罰等の実態把握について（令和4年度）」を基に作成

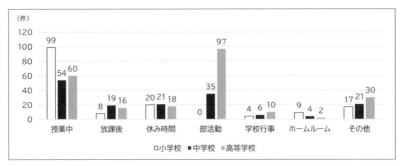

出典）文部科学省「体罰等の実態把握について（令和4年度）」を基に作成

図4-2　体罰時の状況（場面）

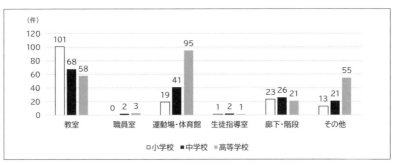

出典）文部科学省「体罰等の実態把握について（令和4年度）」を基に作成

図4-3　体罰時の状況（場所）

第2節　体罰に関する通知等

　学校教育法11条は，「校長及び教員は，教育上必要があると認めるときは，文部科学大臣の定めるところにより，児童，生徒及び学生に懲戒を加えることができる。ただし，体罰を加えることはできない。」（下線筆者）と規定している。

　このように，法律で明確に禁止されているにもかかわらず，「体罰」が引き続き発生しているのは，上述した通りである。その背景にあるのは，そもそも「体罰」とは何か，法的にいえば，学校教育

法によって禁止されている「体罰」とは何か，という問題である。この点について，法令上，他に定義がなされているわけではないが，文部科学省はこれまでに通知を発出して，体罰と懲戒との区別等を示してきている。

　まず，2007（平成19）年に出された「問題行動を起こす児童生徒に対する指導について」（平成19年2月5日付け18文科初第1019号）では，別紙「学校教育法第11条に規定する児童生徒の懲戒・体罰に関する考え方」の中で，懲戒と体罰に関する解釈・運用を整理している。そこでは，まず「児童生徒への指導に当たり，学校教育法第11条ただし書にいう体罰は，いかなる場合においても行ってはならない。教員等が児童生徒に対して行った懲戒の行為が体罰に当たるかどうかは，当該児童生徒の年齢，健康，心身の発達状況，当該行為が行われた場所的及び時間的環境，懲戒の態様等の諸条件を総合的に考え，個々の事案ごとに判断する必要がある。」とする。そのうえで，「児童生徒に対する有形力（目に見える物理的な力）の行使により行われた懲戒は，その一切が体罰として許されないというものではなく，裁判例においても，『いやしくも有形力の行使と見られる外形をもった行為は学校教育法上の懲戒行為としては一切許容されないとすることは，本来学校教育法の予想するところではない』としたもの（昭和56年4月1日東京高裁判決），『生徒の心身の発達に応じて慎重な教育上の配慮のもとに行うべきであり，このような配慮のもとに行われる限りにおいては，状況に応じ一定の限度内で懲戒のための有形力の行使が許容される』としたもの（昭和60年2月22日浦和地裁判決）などがある。」としていた。

　しかし，その後，2012（平成24）年に大阪市立桜宮高等学校の男子バスケットボール部キャプテンが顧問教諭からの体罰を苦に自殺した事件などを受けて，2013（平成25）年に改めて「体罰

の禁止及び児童生徒理解に基づく指導の徹底について」（平成25年3月13日付け24文科初第1269号）が発出され，体罰についての考え方と参考事例が具体的に示された。この通知では，体罰と懲戒の区別について，「教員等が児童生徒に対して行った懲戒行為が体罰に当たるかどうかは，当該児童生徒の年齢，健康，心身の発達状況，当該行為が行われた場所的及び時間的環境，懲戒の態様等の諸条件を総合的に考え，個々の事案ごとに判断する必要がある。この際，単に，懲戒行為をした教員等や，懲戒行為を受けた児童生徒・保護者の主観のみにより判断するのではなく，諸条件を客観的に考慮して判断すべきである。」と述べた後，「その懲戒の内容が身体的性質のもの，すなわち，身体に対する侵害を内容とするもの（殴る，蹴る等），児童生徒に肉体的苦痛を与えるようなもの（正座・直立等特定の姿勢を長時間にわたって保持させる等）に当たると判断された場合は，体罰に該当する。」と述べる。

　そのうえで，当該通知の別紙では「学校教育法11条に規定する児童生徒の懲戒・体罰等に関する参考事例」を示している（**表4－2**）。

表4－2　「学校教育法11条に規定する児童生徒の懲戒・体罰等に関する参考事例」

(1)　体罰（通常，体罰と判断されると考えられる行為） ○身体に対する侵害を内容とするもの ・体育の授業中，危険な行為をした児童の背中を足で踏みつける。 ・給食の時間，ふざけていた生徒に対し，口頭で注意したが聞かなかったため，持っていたボールペンを投げつけ，生徒に当てる。 ○被罰者に肉体的苦痛を与えるようなもの ・放課後に児童を教室に残留させ，児童がトイレに行きたいと訴えたが，一切，室外に出ることを許さない。

・宿題を忘れた児童に対して，教室の後方で正座で授業を受けるよう言い，児童が苦痛を訴えたが，そのままの姿勢を保持させた。

(2)　認められる懲戒（通常，懲戒権の範囲内と判断されると考えられる行為）（ただし肉体的苦痛を伴わないものに限る。）

※学校教育法施行規則に定める退学・停学・訓告以外で認められると考えられるものの例

・放課後等に教室に残留させる。・授業中，教室内に起立させる。

・学習課題や清掃活動を課す。　・学校当番を多く割り当てる。

・立ち歩きの多い児童生徒を叱って席につかせる。

・練習に遅刻した生徒を試合に出さずに見学させる。

(3)　正当な行為（通常，正当防衛，正当行為と判断されると考えられる行為）

○児童生徒から教員等に対する暴力行為に対して，教員等が防衛のためにやむを得ずした有形力の行使

・児童が教員の指導に反抗して教員の足を蹴ったため，児童の背後に回り，体をきつく押さえる。

○他の児童生徒に被害を及ぼすような暴力行為に対して，これを制止したり，目前の危険を回避するためにやむを得ずした有形力の行使

・休み時間に廊下で，他の児童を押さえつけて殴るという行為に及んだ児童がいたため，この児童の両肩をつかんで引き離す。

・全校集会中に，大声を出して集会を妨げる行為があった生徒を冷静にさせ，別の場所で指導するため，別の場所に移るよう指導したが，なおも大声を出し続けて抵抗したため，生徒の腕を手で引っ張って移動させる。

出典）文部科学省「体罰の禁止及び児童生徒理解に基づく指導の徹底について」別紙「学校教育法第11条に規定する児童生徒の懲戒・体罰等に関する参考事例」（一部省略）

第3節　体罰をめぐる裁判例

　体罰をめぐっては，裁判においても度々争われてきている。ここでは，体罰に対して区々の立場を示したと解される裁判例を3つ取り上げることとしたい。

1. 東久留米体罰事件（東京地方裁判所判決平成8年9月17日）

　公立中学校の教員が，道徳の授業中，指示に反論した生徒に対し，その左右の頬を右平手で1回ずつ殴り，髪の毛を手で鷲づかみにして引っ張ったため，暴行罪として起訴され，略式命令により罰金が言い渡された。被害を受けた生徒が，体罰によって被った精神的損害に対しても損害賠償を求めて提訴したのが，本件である。

　東京地方裁判所は，当該教員の行為を体罰であると認め，損害賠償として50万円の支払いを被告地方自治体に命じた。その中で，「戦後50年を経過するというのに，学校教育の現場において体罰が根絶されていないばかりか，教育の手段として体罰を加えることが一概に悪いとはいえないとか，あるいは，体罰を加えるからにはよほどの事情があったはずだというような積極，消極の体罰擁護論が，いわば国民の『本音』として聞かれることは憂うべきことである。教師による体罰は，生徒・児童に恐怖心を与え，現に存在する問題を潜在化させて解決を困難にするとともに，これによって，わが国の将来を担うべき生徒・児童に対し，暴力によって問題解決を図ろうとする気質を植え付けることとなる。」と述べる。そのうえで，当該教員の体罰は，「教師と生徒という立場からも，また体力的にも，明らかに優位な立場にある教師による授業時間内の感情に任せた生徒に対する暴行であり，およそ教育というに値しない行為である。」と断じている。

2．熊本小学校体罰事件
（最高裁判所第三小法廷判決平成21年4月28日）

　公立小学校において，2年生の男子児童が，通りがかった女子児童を蹴るなどの悪ふざけをしたため，教員が指導したところ，男子児童が教員の臀部を蹴って逃げたので，教員が捕まえて，男子児童の胸元をつかんで壁に押し当て，大声で「もうすんなよ」と叱った。それに対して，男子児童が，体罰を受けたとして，損害賠償を求めて提訴したのが本件である。第一審及び第二審は，「胸元をつかむという行為は，けんか闘争の際にしばしば見られる不穏当な行為であり，…手をつかむなど，より穏当な方法によることも可能であった」ことや，男子児童の年齢・教員との身長差やそれまで面識がなかったことなどから，男子児童の「被った恐怖心は相当なものであったと推認されること等を総合すれば，本件行為は，社会通念に照らし教育的指導の範囲を逸脱する」とし，体罰に該当し，違法であることを認めた（熊本地方裁判所判決平成19年6月15日，福岡高等裁判所判決平成20年2月26日）。

　しかし，最高裁判所は，原審を破棄し，体罰の該当性を否定したのである。判決では，当該教員の行為は，「児童の身体に対する有形力の行使ではあるが，他人を蹴るという〔男子児童〕の一連の悪ふざけについて，これからはそのような悪ふざけをしないように〔男子児童〕を指導するために行われたものであり，悪ふざけの罰として〔男子児童〕に肉体的苦痛を与えるために行われたものではないことが明らかであ」り，また，当該教員は，「自分自身も〔男子児童〕による悪ふざけの対象となったことに立腹して本件行為を行っており，本件行為にやや穏当を欠くところがなかったとはいえないとしても，本件行為は，その目的，態様，継続時間等から判断して，教員が児童に対して行うことが許される教育的指導の範囲を逸脱するものではなく，学校教育法11条ただし書にいう体罰に該

当するものではないというべきである」とされた。

3．福岡小学校体罰事件
（福岡地方裁判所判決平成28年4月21日）

　公立小学校において，6年生の男子児童が授業中に友達とテニスボールを投げたりして遊んでいた。それを注意した担任に対して，男子児童が反抗的な態度をとったため，担任は椅子に座っていた児童の肩を押し，児童が椅子から転倒した。さらに反抗的な態度を続ける児童に対し，担任は児童の両肩辺りを両手で押して，教室後方のロッカーまで移動させ，まじめに対応しなかったことを注意した。これに対して，男子児童が体罰を受けたとして，損害賠償を求めたのが本件である。

　福岡地方裁判所は，次のように述べて，担任の行為の違法性を認めた。まず，肩を押して児童を椅子から転倒させた行為について，「反抗的な言動に対して指導を行う必要があったとしても，有形力を行使する必要があったとは，ましてや転倒する程度の強さで原告を押す必要があったとは到底いえず，椅子に座っていた原告の左肩辺りを押して同人を転倒させた行為は，教育的指導の範囲を逸脱するものであった」とする。さらに，児童の肩を押してロッカーまで移動させた行為についても，「原告の身体の安全を確保するために原告を移動させようとするのであれば，口頭で移動を促したり，原告の手を引いたりするなどの有形力の行使を伴わない又はより軽度の有形力の行使にとどめる方法もあったといえる。それにもかかわらず，こういった方法を試みることをせずに，原告の両肩辺りを4回押して移動させた〔担任〕の行為は教育的指導の範囲を逸脱するものであった」と断じている。

まとめに代えて

　ここまで，体罰をめぐる文部科学省の通知，裁判例などについて，その変化を概観してきた。最後に，『生徒指導提要』を検討し，現時点での体罰をめぐる教育行政の立ち位置を明らかにすることによって，まとめに代えることとしたい。

　2022（令和4）年12月に改訂された『生徒指導提要』では，「3.6.2　懲戒と体罰，不適切な指導」（103-106頁）の項で，懲戒に関する整理に続けて，体罰を扱っている。そこでは，体罰の現状について，「文部科学省の調査によれば，年々減少傾向にありますが，いまもなお発生しています。」と述べる。そして，体罰は学校教育法11条で明確に禁止されており，その解釈・運用については，先にも触れた「体罰の禁止及び児童生徒理解に基づく指導の徹底について」（平成25年3月13日付け24文科初第1269号）をあげ，その概要をまとめている。その中でも，「体罰かどうかの判断は，最終的には，(2)〔懲戒と体罰の区別について〕で示した諸条件や部活動に関するガイドライン[*1]を踏まえ，個々の事案ごとに判断する必要があります」と明記している。

　さらに，「たとえ身体的な侵害や，肉体的苦痛を与える行為でなくても，いたずらに注意や過度な叱責を繰り返すことは，児童生徒のストレスや不安感を高め，自信や意欲を喪失させるなど，児童生徒を精神的に追い詰めることにつながりかねません。」と述べて，「不適切な指導」についても，具体的な例をあげて注意を喚起している点は重要である。

　このように『生徒指導提要』を一見すると，体罰については明確に禁止されているとしつつ，体罰にあたるか否かは，諸条件を踏まえて「個々の事案ごとに判断する必要がある」というのが，これまでと同様に一貫した教育行政の立場のようにも見える。しかし，よ

り詳しく読んでみると，体罰は年々減少傾向にあり，現在では，体罰だけではなく不適切な指導についても，これまで以上に注意を怠らないようにしなければならないことも読み取ることができる。

　このような状況を総合的に鑑みれば，かつて一部の教員には許されると認識されていたような体罰が，現在において許される余地はもはや存在しない，ということを改めて認識しておかなければならないであろう。

〈註〉
＊1　文部科学省「運動部活動での指導のガイドライン」（平成25年5月），スポーツ庁「運動部活動の在り方に関する総合的なガイドライン」（平成30年3月），文化庁「文化部活動の在り方に関する総合的なガイドライン」（平成30年12月）を指すものとする。

　なお，その後2022（令和4）年12月に，「運動部活動の在り方に関する総合的なガイドライン」及び「文化部活動の在り方に関する総合的なガイドライン」を統合のうえ全面的に改定した「学校部活動及び新たな地域クラブ活動の在り方等に関する総合的なガイドライン」が，新たに策定されている。

〈参考文献〉
・大貫隆志編著『指導死』高文研（2013年）
・牧柾名・今橋盛勝編著『教師の懲戒と体罰』エイデル研究所（1982年）
・三輪定宣・川口智久編著『先生，殴らないで！』かもがわ出版（2013年）
・本村清人・三好仁司編著『体罰ゼロの学校づくり』ぎょうせい（2013年）

第5章 児童生徒の問題行動と懲戒，出席停止

寝占　真翔

はじめに

　本章では，『生徒指導提要』における問題行動への対応策について整理し，いじめと暴力行為を例に，わが国において問題行動とされてきた行為の動向を把握する。併せて，懲戒や出席停止についてその仕組みと課題について概観する。

第1節　児童生徒の問題行動の定義と『生徒指導提要』上示された指導方法

1．児童生徒の問題行動の定義

　児童生徒の「問題行動」として思い浮かぶのはどのような行動だろうか。恐らく，いじめや暴力行為や器物損壊など，攻撃性の高い行為が問題行動として挙がるのではないだろうか。実際，報道などで目にする問題行動はそのようなものが多いように感じる。しかし，何を問題行動とみなすのかは，その時の社会背景をはじめ，教育研究の進捗，世論，教員個人の価値観や考え方によって大きく異なると言える。これを端的に示す例が，毎年文部科学省より公表される生徒指導関連の全国調査の名称である。2015（平成27）年度までは「児童生徒の問題行動等生徒指導上の諸問題に関する調査」（下線部筆者）として，「不登校」も問題行動と一括りにされ調査が行われた。しかし，2016（平成28）年度以降，「児童生徒の問題行動・不登校等徒指導上の諸課題に関する調査」（下線部筆者）と

なり「問題行動」と「不登校」が切り分けられた。これは，2016（平成28）年に公布された「義務教育の段階における普通教育に相当する教育の機会の確保等に関する法律」を受けて，不登校は問題行動とは分けて考えるべきだという考えのもとで名称変更がなされているからだと考えられる。これ以上問題行動とはいかなるものかについて言及することは避けるが，本章ではこのような調査や『生徒指導提要』に依拠しつつ，問題行動を一般的な社会的規範から逸脱した行動や教育活動に悪影響を及ぼす行動などとして捉えることとする。

2．生徒指導上示された指導方法

　問題行動の指導方法について，『生徒指導提要』に記載された生徒指導の「2軸3類4層の重層的支援構造モデル」を手掛かりに把握したい（第1章を参照）。このモデルは生徒指導を時間軸や課題性で分類しているものであり，問題行動の未然防止，早期発見，事後対応の観点から指導法について言及している。未然防止（課題未然防止教育）の方法として，全員を対象とした意図的・組織的・系統的な教育プログラム（いじめ防止教育，情報モラル教育等）の実施がある。生徒指導部を中心とし，スクールカウンセラー等の専門家の協力も得つつ，年間指導計画に位置付け実践することが重要である。また，早期発見の方法として「丁寧な関わりと観察」「定期的な面接」「作品の活用」「質問紙調査」などがある。まずは「丁寧な関わりと観察」を通じて，児童生徒の心身の変化を把握する。例として学業成績の変化（成績の急激な下降等）が挙げられるが，これらのサインが目に見える形で表出するのを待つのではなく，教職員が積極的に見つける姿勢が重要であり，万が一サインを受け取ったら，実態に応じて迅速に対応することが重要である。また，面接や質問紙法による早期発見も想定される。いじめアンケートなどはその最たる例で，近年のいじめ発見の最も大きなきっかけは，「ア

ンケート調査など学校の取組により発見」となっている。事後対応（困難課題対応的生徒指導）では，校内の教職員だけではなく，校外の教育委員会，警察，病院，児童相談所などの関係機関と連携・協働体制を構築し，迅速かつ継続的な支援が求められる。

第２節　児童生徒の問題行動の近年の傾向

　本節では，2022（令和４）年度「児童生徒の問題行動・不登校等生徒指導上の諸課題に関する調査」（以下，令和４年度調査とする）を基に，児童生徒の問題行動の近年の傾向を押さえたい。この調査は文部科学省所管の統計調査であり，最新の調査項目は，１暴力行為，２いじめ，３出席停止，４小・中学校の長期欠席（不登校等），５高等学校の長期欠席（不登校等），６高等学校中途退学等，７自殺，８教育相談の８つである。ここではいじめ，暴力行為に着目し，その傾向について論じる。

1. いじめ

　小・中・高等学校及び特別支援学校におけるいじめの認知件数は68万1,948件（前年度61万5,351件）であり，前年度から6万6,597件（10.8％）増となっている。児童生徒1,000人当たりの認知件数は53.3件（前年度47.7件）となっている。次頁の，図5－1は2022（令和４）年度までのいじめの認知件数の推移について示したものである。

　このグラフから，いじめの認知件数は過去最多となっており，特に小学校が多いことがわかる。また，令和４年度調査での学年別の認知件数は，小学校２年生が最多で，次いで小学校３年生，１年生と続き，小学校４年生以降は下降[*1]している。

　文部科学省は，令和４年度調査結果の概要において，いじめの認知件数の増加の要因を以下の通り説明している。

「令和4年度は新型コロナウイルス感染症の影響が続き，感染を予防しながらの生活となったが，部活動や学校行事などの様々な活動が再開されたことにより接触機会が増加するとともに，いじめ防止対策推進法におけるいじめの定義やいじめの積極的な認知に対する理解が広がったことや，アンケートや教育相談の充実などによる生徒に対する見取りの精緻化，SNS等のネット上のいじめについての積極的な認知などで，いじめの認知件数が増加したと考えられる。」

　上述のように新型コロナウイルス感染症の影響や，いじめの積極的な認知がその認知件数増に影響していると分析している。また「SNS等のネット上の〜」とあるように，確かに，「パソコンや携帯電話等で，ひぼう・中傷や嫌なことをされる」いじめは，2万3,920件に上り，過去最多である。いじめ全体に占める割合は3.5％だが，中学校では10.2％で3番目に，高等学校では16.5％で2

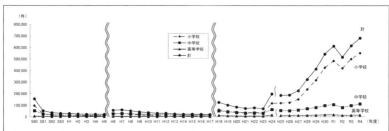

（注1）平成5年度までは公立小・中・高等学校を調査。平成6年度からは特殊教育諸学校，平成18年度からは国私立学校を含める。
（注2）平成6年度及び平成18年度に調査方法等を改めている。
（注3）平成17年度までは発生件数，平成18年度からは認知件数。
（注4）平成25年度からは高等学校に通信制課程を含める。
（注5）小学校には義務教育学校前期課程，中学校には義務教育学校後期課程及び中等教育学校前期課程，高等学校には中等教育学校後期課程を含む。

出典）文部科学省「令和4年度　児童生徒の問題行動・不登校等生徒指導上の諸課題に関する調査結果について」より引用

図5−1　いじめの認知（発生）件数の推移

番目に多く，これらの積極的認知が認知件数の増加の一因となっていると考えられる。

　なお，着目すべき点として，いじめの重大事態の増加がある。いじめの重大事態は，いじめ防止対策推進法28条1項に2種類規定されている。すなわち，「いじめにより当該学校に在籍する児童等の生命，心身又は財産に重大な被害が生じた疑いがあると認めるとき」（28条1項1号），「いじめにより当該学校に在籍する児童等が相当の期間学校を欠席することを余儀なくされている疑いがあると認めるとき」（同条同項2号）である（下線部筆者）。

　令和4年度調査では，1号重大事態は448件，2号重大事態は617件となっており，合計の発生件数は923件（1件の重大事態が第1号及び第2号に該当する場合はそれぞれの項目に計上されている）となる。前年度は706件であり，2022（令和4）年度は最多となっている。これもいじめ防止対策推進法への理解が深まったことや，積極的な認知がその増加につながっていることは否定できないが，未然防止，早期発見，早期対応が謳われている昨今のいじめ対策の中で，重大な被害を防ぎきれていない現状が把握できる。

2．暴力行為

　小・中・高等学校における暴力行為の発生件数は9万5,426件（前年度7万6,441件）であり，前年度から1万8,985件（24.8％）増加となっている。児童生徒1,000人当たりの発生件数は7.5件（前年度6.0件）である。こちらはいじめの場合とは異なり，認知件数ではなく「発生件数」となっている。**図5-2**は暴力行為発生件数の推移を示したグラフである。

　暴力行為の発生件数を校種別に見ると小学校が最多である。ただし暴力行為の1,000人当たりの発生件数を見ると，小学校9.9件，中学校9.2件であり拮抗している。学年別では中学校1年生が突出して多く1万3,028件となっている。高等学校は微増だが，学校

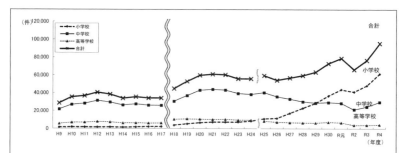

（注１）平成９年度からは公立小・中・高等学校を対象として，学校外の暴力行為
　　　についても調査。
（注２）平成18年度からは国私立学校も調査。
（注３）平成25年度からは高等学校に通信制課程を含める。
（注４）小学校には義務教育学校前期課程，中学校には義務教育学校後期課程及び
　　　中等教育学校前期課程，高等学校には中等教育学校後期課程を含める。

出典）文部科学省「令和４年度　児童生徒の問題行動・不登校等生徒指導上の諸課題
　　に関する調査結果について」より引用

図５‐２　暴力行為発生件数の推移グラフ

種を問わず増加傾向にあることがわかる。文部科学省は，「部活動
や学校行事などの様々な活動が再開されたことにより接触機会が増
加し，いじめの認知に伴うものや生徒に対する見取りの精緻化によ
って把握が増えたことなどが，暴力行為の発生件数の増加の一因と
なったと考えられる」としている（令和４年度調査結果の概要）。

第3節　児童生徒の懲戒に関する主な法令

　2007（平成19）年に発出された「問題行動を起こす児童生徒
に対する指導について（通知）」（平成19年２月５日付け18文科
初第1019号）は，問題行動への対応について「学校の秩序を破
壊し，他の児童生徒の学習を妨げる暴力行為に対しては，児童生徒
が安心して学べる環境を確保するため，適切な措置を講じることが
必要」とし，十分な教育的配慮の下で，懲戒や出席停止など，毅然
とした対応を行うことの必要性を指摘している。懲戒，性行不良に
基づく出席停止については，学校教育法及び学校教育法施行規則で

定められており（いじめに関する懲戒，出席停止はいじめ防止対策推進法25条，26条にも定めがある），このような措置をとる場合があることを踏まえ，法令の内容を理解しておくことが重要である。そこで，本節ではまず懲戒に関する関連法令を確認した上で，望ましい毅然とした生徒指導の在り方について検討する。

　懲戒に関する法令として，以下の学校教育法11条がある。

〇学校教育法

第11条　校長及び教員は，教育上必要があると認めるときは，文部科学大臣の定めるところにより，児童，生徒及び学生に懲戒を加えることができる。ただし，体罰を加えることはできない。

　この法令に基づいて，校長及び教員は児童生徒に懲戒を加えることが可能となる。教育学上，その懲戒は「法的な懲戒」と「事実行為としての懲戒」とに分けられる。本節では，「法的な懲戒」を学校教育法施行規則26条2項で定められた懲戒（退学，停学，訓告）とし，「事実行為としての懲戒」は広く校長，教員に認められ行われている懲戒のこととし具体例を挙げていく。

1．法的な懲戒

　まず，学校教育法11条でいう，「文部科学大臣の定め」に当たる学校教育法施行規則26条2項に定められた「法的な懲戒」について確認する。

〇学校教育法施行規則

第26条　校長及び教員が児童等に懲戒を加えるに当つては，児童等の心身の発達に応ずる等教育上必要な配慮をしなければならない。

②　懲戒のうち，退学，停学及び訓告の処分は，校長（大学にあつては，学長の委任を受けた学部長を含む。）が行う。

---

③ 前項の退学は，市町村立の小学校，中学校（学校教育法第71条の規定により高等学校における教育と一貫した教育を施すもの（以下「併設型中学校」という。）を除く。）若しくは義務教育学校又は公立の特別支援学校に在学する学齢児童又は学齢生徒を除き，次の各号のいずれかに該当する児童等に対して行うことができる。

(1) 性行不良で改善の見込がないと認められる者

(2) 学力劣等で成業の見込がないと認められる者

(3) 正当の理由がなくて出席常でない者

(4) 学校の秩序を乱し，その他学生又は生徒としての本分に反した者

④ 第2項の停学は，学齢児童又は学齢生徒に対しては，行うことができない。

懲戒を実施するうえで，教育上必要な配慮が求められている点に留意が必要である。学校における懲戒は，一般的な懲戒に比して，制裁的意味だけではなく，教育目的を達成するために行うという意味合いがある。そのため，処分を下す際には，組織的に指導の方向性や役割分担をした上で，しっかりと児童生徒に寄り添いながら本人らの意見を聞くと共に，必要な情報を広く収集し，事実関係の確認を含めた，適正な手続きを経るようにする必要がある。当然指導後も児童生徒を孤立させることなく，心身の状況の変化に注意し，保護者等の理解と協力を得られるようにすることが重要である。これらを踏まえたうえで，校長が，退学，停学，訓告の処分を行うこととなる。

言うまでもなく，退学は児童生徒の教育を受ける権利をはく奪するものであるため，市町村立の小・中学校（併設型中学校を除く），義務教育学校，公立の特別支援学校に在籍する，学齢児童・学齢生

徒については認められていない。これらの学校が最後の砦といわれるゆえんである。加えて，停学は国公私立を問わず，学齢児童・学齢生徒に対して行うことはできない。その期間中の教育を受ける権利を奪うことになってしまうからである。このように，退学や停学は児童生徒の「教育を受ける権利」の観点から，その判断は慎重を期する必要がある。

　退学処分を検討するような問題行動が発生した場合，校長は学校教育法施行規則 26 条 3 項に基づき適切な判断を下すことが求められるが，その内容については裁判で争われることもある。著名な例として，退学処分とは異なるが「自主退学勧告」の違法性について争われた，いわゆるパーマ退学訴訟最高裁判決（最高裁判所第一小法廷判決平成 8 年 7 月 18 日）がある。これは，私立の高等学校が生徒に対して，校則で禁止されていたパーマをかけたこと，無断で運転免許を取得したことを理由として自主退学勧告を出したことの違法性等について争われた裁判である。結論から言えば，最高裁は，本件自主退学勧告は，事実上生徒を学外に追放する処分と同視し得るものであって，事実上の退学処分とみるべきものであるとした上で，本件自主退学勧告に違法性があるとは言えないと判断した。その理由として，事前に校則は明示されており，それを承知で入学したこと，発覚した際に顕著な反省を示さなかったこと，当初，学校は厳重注意に留めていたにも関わらず，その後間もなく再びパーマをかけ，それが発覚したときも反省の色が見られなかったことなどをあげている。唐突に自主退学勧告を提示しているわけではなく，それまでの指導の過程や生徒の行状及び反省状況などが考慮された結果と言える。

2．事実行為としての懲戒

　次に，「事実行為としての懲戒」について扱う。一般的には児童生徒への叱責，起立，居残り，宿題や清掃当番の割当てなどが挙げ

られる。「事実行為としての懲戒」を行う権限をもつのは校長，教員である。校長，教員の判断によりどのような内容とするのかが決定され，その内容が行き過ぎであれば社会から批判される可能性を孕んでいる。よく報道で問題として取り上げられる体罰は，この「事実行為としての懲戒」の延長線上に見出される。文部科学省は「体罰の禁止及び児童生徒理解に基づく指導の徹底について（通知）」（平成25年3月13日付け24文科初第1269号）〈以下，平成25年通知〉の中で，「体罰は，違法行為であるのみならず，児童生徒の心身に深刻な悪影響を与え，教員等及び学校への信頼を失墜させる行為」として厳しく非難し，体罰によらない児童生徒の規範意識や社会性の育成を求めた。その上で，体罰，認められる懲戒（≒事実行為としての懲戒），正当な行為の例を以下のように，挙げている（平成25年通知別紙「学校教育法第11条に規定する児童生徒の懲戒・体罰等に関する参考事例」）。

●認められる懲戒（通常，懲戒権の範囲内と判断されると考えられる行為。ただし肉体的苦痛を伴わないものに限る）

- ・　放課後等に教室に残留させる。
- ・　授業中，教室内に起立させる。
- ・　学習課題や清掃活動を課す。（以下略）

●体罰（通常，体罰と判断されると考えられる行為）

→身体に対する侵害を内容とするもの
・体育の授業中，危険な行為をした児童の背中を足で踏みつける。
・帰りの会で足をぶらぶらさせて座り，前の席の児童に足を当てた児童を，突き飛ばして転倒させる。（以下略）
→被罰者に肉体的苦痛を与えるようなもの
・放課後に児童を教室に残留させ，児童がトイレに行きたいと訴え

> たが，一切，室外に出ることを許さない。
>
> ・別室指導のため，給食の時間を含めて生徒を長く別室に留め置き，一切室外に出ることを許さない。(以下略)

●正当な行為（通常，正当防衛，正当行為と判断されると考えられる行為）

> →児童生徒から教員等に対する暴力行為に対して，教員等が防衛のためにやむを得ずした有形力の行使
>
> ・児童が教員の指導に反抗して教員の足を蹴ったため，児童の背後に回り，体をきつく押さえる。
>
> →他の児童生徒に被害を及ぼすような暴力行為に対して，これを制止したり，目前の危険を回避するためにやむを得ずした有形力の行使
>
> ・休み時間に廊下で，他の児童を押さえつけて殴るという行為に及んだ児童がいたため，この児童の両肩をつかんで引き離す。(以下略)

　上記「正当な行為」が存在するように，児童生徒に対する有形力の行使がそのまま体罰となるわけではない。平成25年通知によれば，個々の事案が体罰に該当するかは「当該児童生徒の年齢，健康，心身の発達状況，当該行為が行われた場所的及び時間的環境，懲戒の態様等の諸条件を総合的に考え，個々の事案ごとに判断する必要がある」とされる。

第4節　性行不良に基づく出席停止と課題

　先に述べたように，退学や停学などの懲戒処分は，学齢児童・学齢生徒に対しては，限定的な措置となっている。しかし，性行不良な児童生徒による加害行為によって，他の学齢児童・学齢生徒の教

育を受ける権利が侵害されてはならない。そこで，市町村立の義務教育段階の学校に在籍する児童生徒に対し，性行不良を理由に出席を一時的に停止させる制度があり，これを「出席停止」と呼ぶ。懲戒と出席停止は，法制度上異なる考え方のもとで運用されている。黒川（2023）は「出席停止とは，懲戒の意図ではなく，他の児童生徒の教育環境を維持するという観点から設けられているものであることを見落としてはならない」とし，懲らし戒めるものとしての懲戒との違いについて言及している。これを踏まえ学校教育法35条で出席停止は以下の通り定められている（同条は中学校，義務教育学校にも準用）。

○学校教育法

第35条　市町村の教育委員会は，次に掲げる行為の一又は二以上を繰り返し行う等性行不良であつて他の児童の教育に妨げがあると認める児童があるときは，その保護者に対して，児童の出席停止を命ずることができる。

(1)　他の児童に傷害，心身の苦痛又は財産上の損失を与える行為

(2)　職員に傷害又は心身の苦痛を与える行為

(3)　施設又は設備を損壊する行為

(4)　授業その他の教育活動の実施を妨げる行為

②　市町村の教育委員会は，前項の規定により出席停止を命ずる場合には，あらかじめ保護者の意見を聴取するとともに，理由及び期間を記載した文書を交付しなければならない。

③　前項に規定するもののほか，出席停止の命令の手続に関し必要な事項は，教育委員会規則で定めるものとする。

④　市町村の教育委員会は，出席停止の命令に係る児童の出席停止の期間における学習に対する支援その他の教育上必要な措置を講ずるものとする。

　出席停止の基本的な要件として，「性行不良」であり，「他の児童生徒の教育に妨げがある」ことの2つが示されている。この要件を満たした場合に，市町村教育委員会に，当該児童生徒の保護者に対して当該児童生徒の出席停止を命じることができる。令和4年度調査では，性行不良に基づく出席停止の件数は5件であり非常に少ない。一方で，問題行動を苦にして被害を受けた児童生徒が転校したり，不登校となる例は後を絶たない。文部科学省「令和4年度　児童生徒の問題行動・不登校等生徒指導上の諸課題に関する調査結果及びこれを踏まえた緊急対策等について（通知）」（令和5年10月17日付け5初児生第19号）では，「いじめや暴力行為など問題行動を繰り返す児童生徒に対し，正常な教育環境を回復するため，必要と認められる場合には，出席停止制度の措置を積極的に検討すべき」とされており，学校教育法35条の内容を踏まえた，慎重でありつつも積極的な運用が求められている。

〈註〉
＊1　留意すべきは，いじめの数え方は「認知件数」であり，「いじめの実数」ではないという点である。学校が「いじめだ」と認知し計上した件数のことを指すので，一定程度の暗数が想定されることとなる。

〈参考文献〉
・森田健宏監修・編著，田爪宏二監修，安達未来編著『生徒指導・進路指導』ミネルヴァ書房（2020年）
・文部科学省『生徒指導提要（改訂版）』（2022年）
・黒川雅子「生徒指導をめぐる動向と課題―性行不良に基づく出席停止，懲戒，体罰に焦点を当てて」日本スクール・コンプライアンス学会編『スクール・コンプライアンス研究の現在』教育開発研究所（2023年）

第6章 いじめ問題

戸田　恵蔵

はじめに

　本章では，いじめの定義や類型について理解すると共に，いじめが発生した場合の対応について，不備があった場合に生じる法的責任を踏まえて学ぶことを目的とする。

第1節　いじめの定義

　いじめを防止，発見するためには，いじめとは何かを認識しておかなければならない。文部科学省（旧文部省）は，過去に複数回いじめの定義を変更し，いじめの実態把握や防止に努めてきた。しかし，それでもなおいじめによる自殺事件が発生したことに端を発し，2013（平成25）年に「いじめ防止対策推進法」が制定され，法律によっていじめが定義されることとなった。

　いじめ防止対策推進法によれば，いじめとは，「児童等に対して，当該児童等が在籍する学校に在籍している等当該児童等と一定の人的関係にある他の児童等が行う心理的又は物理的な影響を与える行為（インターネットを通じて行われるものを含む。）であって，当該行為の対象となった児童等が心身の苦痛を感じているものをいう」と定義される（2条1項）。

　この定義のポイントは，いじめとは，対象となった児童生徒が心身の苦痛を感じているものをいうとされた点である。

　加害児童生徒や第三者が，いじめではなく単なる「悪ふざけ」や

「からかい」程度だと考えていたとしても，被害児童生徒が心身に苦痛を感じた場合，いじめ防止対策推進法上は「いじめ」として扱われることになる。また，例えばある児童が，引っ込み思案な他の児童のことを思って「もっと積極的にみんなと話をしたほうがいいよ。」などのような言葉を厚意で述べた場合でも，相手の児童が心理的な苦痛を受けたならば「いじめ」に該当することとなる。いわば「お互い様」のような経緯で発生したけんかであっても，心身の苦痛が生じればいじめとなる（双方が心身の苦痛を生じれば，双方が双方に対していじめを行ったこととなる。）。

　このように，いじめ防止対策推進法上の「いじめ」の定義は極めて広いものであるから，安易に「いじめにあたらない」という判断をしてはならないことに注意を要する。

第2節　いじめの類型

　いじめは，①「けんか」や「からかい」といった子どもが成長する過程で一般的にみられる日常的な衝突，②これを超えて一方的で教育上看過できないレベルまでエスカレートしたもの，さらに③いじめの対象となっている児童生徒の法的に保護されるべき権利・利益が侵害される程度に至ったもの，などと類型化される[*1]。

　また近時では，対面でなされるいじめ行為だけでなく，インターネットを通じたいじめ行為が増加している。インターネット掲示板などで被害児童生徒を名指しして誹謗中傷やプライバシー情報の暴露を行うといった行為のほか，SNS上で悪口を言う（相手を直接名指ししないものの誰のことかがわかるように言う場合もある），SNSグループから特定の児童生徒を退会させる，特定の児童生徒だけSNSグループに招待しない，SNSグループ名を特定の児童生徒を揶揄するようなものに変更する，といったいじめ行為も見られる。特定の児童生徒に対して心理的苦痛を与えるSNS上の投稿

に「いいね」を付ける行為も，「いいね」を付けたこと自体が被害児童生徒に心理的苦痛を与えた場合はいじめに該当すると考えてよいであろう。

第3節　いじめを防止・解消するための体制

いじめ防止対策推進法では，いじめを防止・解消するための体制を整えるべきことが規定されている。

具体的には，まず，国及び学校においては，いじめ防止基本方針を策定するものとするとされている（11条，13条）。

また，学校は，学校いじめ対策組織を設置することとされている（22条）。学校いじめ対策組織（学校によっては「いじめ対策委員会」等と呼ばれることがある。）とは，いじめの防止等（いじめの防止，いじめの早期発見，いじめへの対処）に関する措置を実効的に行うため，当該学校の複数の教職員，心理，福祉等に関する専門的な知識を有する者その他の関係者により構成される，学校内の常設組織である。この組織は，いじめ防止基本方針に基づく取組の実施や計画の作成・実施，いじめの相談・通報の受付，対応などを行ういじめの防止等の中核となる組織である。

第4節　いじめを発見するための方法

1．定期的な調査等

学校の設置者やその設置する学校は，当該学校におけるいじめを早期に発見するため，当該学校に在籍する児童等に対する定期的な調査その他の必要な措置を講ずる（16条1項）。

定期的な調査の一般的な方法としてはアンケート調査があり，アンケート調査によっていじめが発見されることも多い。近時は児童生徒にタブレット端末が配布されており，この端末を利用してアンケートが行われることもある。アンケート調査は，人間関係がある

程度出来上がった時期（いじめが発生し得る時期）に，正直に回答できる状況でアンケートを実施するなど，時期や方法について工夫することが求められる。

２．児童生徒の観察

　いじめを受けた児童生徒は，その様子に変化が表れることも多い。笑顔が見られなくなった，遅刻・欠席が増えた，わざとらしくはしゃいでいるなどの以前と異なる様子が見られるようになった場合には，いじめの被害に遭っていないか特に注意する必要がある。いじめの早期発見にとって重要なのは，教職員が日常的に児童生徒とよく接することである。

第5節　いじめを発見した場合の対応

１．学校への通報

　教職員は多忙あるいは相談・報告先が分からないなどの理由からいじめ事案を一人で抱え込むことも多く，そのため適切な対応の機会を逃し重大な結果が発生してしまうことがある。

　いじめ防止対策推進法ではこのような事態を避けるため，教職員・保護者等がいじめの相談を受けた場合において，いじめの事実があると思われるときは，被害児童生徒が在籍する学校への通報その他の適切な措置をとることとされた（23条1項）。教職員が児童生徒のいじめを発見した場合には，学校いじめ対策組織や管理職に報告し，組織的にいじめ対応に当たることとなる。

２．事実関係の確認，報告，被害児童生徒や保護者への支援

　学校は，教職員からの通報を受けるなどして児童生徒がいじめを受けていると思われるときは，事実関係の確認を行うと共に，その結果を学校設置者に報告する（23条2項）。

　事実関係の確認の結果いじめが確認されたときは，いじめをやめさせ，再発を防止するために，複数の教職員によって，心理や福祉

等の専門家の協力を得つつ，いじめを受けた児童生徒等又はその保護者に対する支援を継続的に行う（23条3項）。

　なお，被害児童生徒や保護者への支援は重要であるが，そのためにいじめの事実確認が疎かになるということはあってはならない。例えば，いじめを受けたと主張して学校を欠席している児童生徒がいる場合に，登校を再開できるようになるための精神的ケアや学習支援等に主眼を置くあまり，いじめの内容や経緯等について当事者や目撃者等からの聞き取りなどを怠ると，法律上要求される対応（事実関係の確認）をしていないこととなる。

3．加害児童生徒に対する対応

(1)　加害児童生徒に対する指導

　事実関係の確認の結果いじめが確認されたときは，加害児童生徒に対して指導を行い，その保護者に対して助言を行う（23条3項）。

　前述したとおり，いじめの定義は広範なものであり，様々な行為がいじめとなり得るものであるから，指導の内容や程度も一律同様のものとはならず，いじめの内容・経緯や被害の程度，被害児童生徒の心情，加害児童生徒の反省状況やいじめ行為の解消の見込み等を考慮して決定すべきである。突発的に生じたけんかでその程度も重大なものでなければ指導の内容も相応のものでよいであろう。

　他方，同じ当事者が度々衝突を繰り返していたり特定の児童生徒が多くの児童生徒と度々トラブルになるといった場合などは，その背景や全容を十分に調査して抜本的な解決を図らなければならず，単発的で場当たり的な指導（その都度お互いに謝らせるだけなど）で終わらせてはならない。なお，加害児童生徒に対する指導においては，まず，事実関係の調査がなされ，当該児童生徒が加害者であることが明らかとなってから行うことが必要である。特に，加害児童生徒がいじめ行為をしたことを否定している場合に，十分な調査を行うことなく一方的に加害者扱いすることはしてはならない。

　インターネットを通じたいじめに関しては，児童生徒にも表現の自由（憲法21条1項）が保障されていることとの関係で，指導が悩ましい場合もある。特定の児童生徒を誹謗中傷したりSNS上で悪言や仲間外れ等をする場合にはいじめ行為として指導することとなり，不適切な表現行為はいじめ解消のために削除させることが必要となる場合もあるであろう。他方で，特定の児童生徒についての言及や摘示ではない表現についてまで，読み手が心理的に苦痛を感じさえすればいじめとして指導の対象とする（表現を削除させる）というのは，表現の自由の侵害となり得る。こういった場合にいじめの指導対象とするかどうかは，当該表現行為が特定の児童生徒に関するものであるかを十分に調査したうえで検討することとなる。

　なお，特定の児童生徒についての言及や摘示でないため「いじめ」としては扱わないとしても，インターネット・リテラシーについての生徒指導として，不適切な表現をすべきでないことを教示することはあり得る（その場合でも不当に表現の自由を制約しないよう留意することは必要である。）。

(2)　別室授業等

　いじめの事実が確認された場合，学校は，必要があると認めるときは，被害児童生徒やその他の児童生徒が安心して教育を受けられるようにするために必要な措置を講ずるものとされた（23条4項）。その具体例として，加害児童生徒を，被害児童生徒が使用する教室以外の場所で学習を行わせる，いわゆる「別室授業」が挙げられる。例えば，加害児童生徒によるいじめの事実が確認されたにもかかわらず加害児童生徒が反省せず，なおも加害行為を続けるような態度を示しており，被害児童生徒が不安を持っているような場合に別室授業を実施することとなるであろう。

(3)　警察署への通報等

　いじめには，嫌がらせの段階のものから，犯罪を構成するものま

である。学校は，いじめが犯罪行為として取り扱われるべきものと認めるときは，所轄警察署と連携して対処するものとし，児童生徒の生命，身体又は財産に重大な被害が生じるおそれがあるときは，直ちに所轄警察署に通報し，適切に援助を求めなければならない（23条6項）。いじめが犯罪行為として取り扱われるべき場合としては，暴行，傷害，脅迫，恐喝，窃盗，名誉棄損などがある。

(4) 懲戒

校長及び教員は，教育上必要があるときは，いじめの加害児童生徒に対して，学校教育法11条に基づいて適切に懲戒を加えることが求められる（25条）。懲戒の内容としては，退学，停学，訓告があり（詳しくは第5章を参照），その他，注意，叱責，居残り，清掃，文書指導など，体罰や肉体的苦痛を与えるものでないものは可能とされている。

(5) 出席停止措置

教育委員会は，被害児童生徒やその他の児童生徒が安心して教育を受けられるようにするため，加害児童生徒の保護者に対して，学校教育法35条1項の規定に基づき加害児童生徒の出席の停止を命じる等の必要な措置を講ずることとされている（26条）。

4．いじめの解消

学校側は，いじめを発見した場合には，前述したような措置を講じていじめの解消を図るものであるが，その前提として，どのような状況に至ればいじめが解消されたと判断できるのかが重要である。

「いじめの防止等のための基本的な方針」（文部科学大臣決定，最終改定平成29年3月14日。以下，ガイドラインとする）によれば，いじめが解消したと言えるためには，①いじめに係る行為が相当期間（少なくとも3か月程度を目安とし，事案に応じてさらに長期間を設定する）止んでいること，②被害者が心身の苦痛を感じていないこと，の2つの要件を掲げ，さらに必要に応じて他の事情も

勘案して判断することとしている。「他の事情」とは，加害児童生徒が指導に納得していじめを今後も行わない姿勢を見せているかどうかなどが挙げられるであろう。

第6節　重大事態への対応

1．重大事態とは

　いじめ防止対策推進法では，いじめによる「重大事態」が発生した場合には，調査組織を設けて調査を行わなければならないことなどが規定されている。同法にいう「重大事態」とは，①いじめにより当該学校に在籍する児童等の生命，心身又は財産に重大な被害が生じた疑いがあると認めるとき（28条1項1号）及び②いじめにより当該学校に在籍する児童等が相当の期間学校を欠席することを余儀なくされている疑いがあると認めるとき（同項2号）である。

　上記①の重大事態は，自死や，骨折などの怪我，心因性の身体反応，多額の現金が脅し取られたなど，生命・心身・財産に対する重大な被害が生じた疑いがある場合が挙げられる。

　上記②の重大事態（以下，不登校重大事態とする）は，ガイドラインによれば，目安として児童生徒が年間30日程度欠席している場合で，その原因がいじめによるものと疑われる場合である。もっとも，欠席期間が30日に満たない場合でも，児童生徒や保護者からいじめの申告があった場合には重大事態として扱うべきとされる。

　上記①②のいずれの重大事態においても，「疑い」の段階で重大事態に該当するため，学校側においては，いじめの確信がなくても疑いがあれば重大事態として対応することが必要である。また，不登校重大事態においては，欠席日数が30日となる前の段階から当該児童生徒や関係教員への聴取，教育委員会への相談を始めておくこととなる。

２．重大事態が発生した場合の対応

　重大事態が発生したときは，学校の設置者または学校は，その事態に対処し，同種の事態組織の発生防止に資するため，速やかに組織を設けて事実関係を明確にするための調査を行わなければならない（28条１項）。

　また，重大事態が発生した場合，公立学校の場合は，教育委員会を通じて地方公共団体の長に重大事態が発生した旨を報告しなければならない（30条１項）。なお，国立大学附属学校や私立学校等の場合は報告先が異なる。

　地方公共団体の長（公立学校の場合）は，学校の設置者または学校による調査の結果について，附属機関を設ける等により調査することができる（30条２項）。これは，学校の設置者または学校による調査に不足があった場合などに，再調査を行うものである。

第7節　いじめと法的責任

１．法的責任とは

　一般的に，公立学校教員にかかる「法的責任」とは，①紛争当事者の一方が他方に対して負う賠償金支払義務などの民事責任，②国が罪を犯した者に科す刑事責任，③懲戒処分など行政庁が主体となって科す行政処分の３つの類型に分けられる。

２．いじめと民事責任

　いじめが発生した場合に第一義的に責任を負うべきなのはいじめの加害児童生徒やその保護者である。したがって，いじめが発生したことをもって，直ちに学校側に責任が発生するということではない。もっとも，教員がいじめの防止・発見のために必要な措置をとらなかったことによって自死や怪我等の結果が発生した場合（いじめ対応について教員に故意又は過失があり，そのためにいじめによる結果が発生した場合）には，学校側も賠償責任を負うことがある。

　なお，公立学校の教員など公務員がその職務を行うにあたって他人に損害を与えた（例えば，いじめの対応について不備があった）としても，その公務員が個人として賠償責任を負うことはなく，国または公共団体が賠償する（国家賠償法１条１項）。

　いじめの対応において教員に過失が認められるのは，①いじめによる結果の発生を予見（予測）することができた場合において（予見可能性），②予見される結果を回避するための措置を尽くさなかった（結果回避義務違反）と認められる場合である。

3．裁判例から見るいじめ問題・いじめ対応

⑴　東京高等裁判所判決平成 14 年 1 月 31 日

　他校から転校してきた生徒が転校後から足かけ遊びの集中的な標的となったり机や教科書に落書きをされていた一方で，転校してきた生徒も他の生徒に対し悪口をいうなどして複数の生徒とトラブルになることが度々あった。そのような中，転校してきた生徒が自分の机にマーガリンが塗られているのを発見し，そのまま自死した。

　裁判所は，家庭環境調査における母親の申告により被害生徒が前の学校でいじめられていたことを知っていたこと，被害生徒の教科書に落書きがされていることを母親からの申告で知っていたこと，被害生徒が複数の生徒と 15 回以上トラブルになったことを知っていたこと，当時，いじめ自殺事件が報道等を通じて周知されていたことなどの事情から，担任教諭は重大な結果が生じるおそれを予見することができた（予見可能性あり）と判断した。

　また，裁判所は，担任教諭は個別的なトラブルの都度被害生徒や加害生徒に対して諭すだけでなく，見回りの強化や事情聴取，当事者や他の生徒からの聴取を行い実態を早期に把握すべきであった，また加害生徒に対して，いたずらに名を借りた重大な見過ごし難い言動であることを認識・理解させ，直ちにやめるよう厳重に指導し，集会や学級活動でも周知徹底すべきであった等として，担任教諭は

結果回避義務を尽くしたとはいえないと判断した。

(2) 福岡高等裁判所判決令和2年7月14日

　高等学校の寮に寄宿していた1年生の生徒Aは，寮の当番活動を熱心に行わない同学年の生徒Bに対して不満を持つようになった。Aは，5月にBに対して文句を言い，このことをきっかけにAとBとの間で対立が生じ，AとBは互いに相手の容貌を揶揄する悪口を言い合うようになった。Bは寮生らが所属するライングループのアイコンを勝手にAの写真に変更してグループ名を変更したり，強い口調で文句を言ったり，Aの入浴セットを隠したり，友人に対してAの悪口を言うなどし，「休養室こいや」「レスキュー隊呼んどけよ」などのメッセージを送った。これらの経緯の間，Aは6月になされた生徒向け調査（シグマテスト）で「死んでしまいたいと本当に思うときがある」の項目に該当すると回答していた。Aは夏休み中に実家で自死した。

　この事案で，裁判所は，寮の舎監長であった教諭について，組織としてではなくほぼ一人で決定していじめ対応を実行したこと，「いじめ」該当性の判断を被害者であるAの立場に立つことなく表面的・形式的に行い，けんかの当事者と見て，背景事情等については十分な聴取をしなかったこと，いじめの解消を確認しなかったこと等の過失があると判断した。担任教諭についても，シグマテストの結果を漫然と見逃し，舎監長に伝えていなかった過失があるとした。

(3) 最高裁判所第一小法廷判決令和2年7月6日

　柔道部の強豪校（市立中学校）において，主力選手の上級生らが下級生に暴力をふるい怪我をさせた。副顧問が被害生徒を病院に連れていく際に，顧問教員が，医師には階段から落ちたことにしておくよう指示した。顧問教員は，①階段から落ちたことにしておくようにとの虚偽の説明を指示したこと，②加害生徒を近畿大会に出場

させてはならないとの校長の職務命令に違反したこと，③家庭科室などに置かれたトレーニング機器等を撤去するようにとの指示に長期間従わなかったことを理由に停職6か月の懲戒処分を受けた。

　顧問教員が懲戒処分を不服として訴えたが，最高裁判所は，虚偽説明指示は適切な診断を誤らせるおそれがある行為であること，いじめを隠蔽しようとした行為はいじめ防止対策推進法に反する重大な非違行為であること，その他の行為も生徒の規範意識や公正な判断力等を育むべき立場にある公立学校の教職員にふさわしくない行為であるから，停職6か月の懲戒処分も有効であるとした。

第8節　文部科学省の定める指針等

　本章で挙げた「いじめの防止等のための基本的な方針」のほか，「いじめの重大事態の調査に関するガイドライン」，「子供の自殺が起きたときの背景調査の指針（改訂版）」「不登校重大事態に係る調査の指針」といった文部科学省の定める指針などを通じて，いじめの対応に関する十分な知見を得ておく必要がある。

〈註〉
＊1　山口卓男編著『新しい学校法務の実践と理論』日本加除出版（2014年）83頁以下。

〈参考文献〉
・坂田仰編著『生徒指導とスクール・コンプライアンス』学事出版（2015年）
・山口卓男編著『新しい学校法務の実践と理論』日本加除出版（2014年）
・日本弁護士連合会子どもの権利委員会編『子どものいじめ問題ハンドブック──発見・対応から予防まで』明石書店（2015年）
・編集代表坂田仰『学校のいじめ対策と弁護士の実務』青林書院（2022年）

第7章 少年非行

小美野　達之

はじめに

　『生徒指導提要』において，「生徒指導とは，児童生徒が，社会の中で自分らしく生きることができる存在へと，自発的・主体的に成長や発達する過程を支える教育活動のことである」と定義されており[*1]生徒指導は単に児童生徒の問題行動への対応にとどまるものではない。もっとも，児童生徒の問題行動は，生徒指導の必要性の再認識や見直しの契機となるものであり，特に重大な問題行動である非行ともなればなおさらである。本章では，非行少年の定義や少年非行の現状を確認するとともに，その処遇の概略を解説し，少年非行に関連した生徒指導の留意点について検討する[*2]。

第1節　非行少年の定義

　少年法は，少年の健全な育成を期し，「非行のある少年」に対して保護処分を行うこと，少年の刑事事件について特別の措置を講ずることを目的としており（1条），「少年」は「20歳に満たない者」（2条1項），「特定少年」は「18歳以上の少年」（62条1項）と定義され，「成人」は「20歳以上の者」[*3]と理解されている。少年法には，家庭裁判所の審判に付すべき少年として，①罪を犯した少年（3条1項1号），②14歳に満たないで刑罰法令に触れる行為をした少年（同項2号），③保護者の正当な監督に服しない性癖のあること，正当な理由がなく家庭に寄り附かないこと，犯罪性の

ある人若しくは不道徳な人と交際し，又はいかがわしい場所に出入りすること，自己又は他人の徳性を害する行為をする性癖のあること，のいずれかの事由（虞犯事由）があって，その性格又は環境に照らして，将来，罪を犯し，又は刑罰法令に触れる行為をする虞（虞犯性）のある少年（同項3号）の3つが掲げられている。なお，同項の規定のうち3号に係る部分は，特定少年については適用しないとされている（65条1項）。

　家庭裁判所の審判は，「非行のある少年」に対して行われるとされており（22条1項），「非行少年」（条文上は「非行のある少年」）とは，「20歳未満の者であり犯罪又は刑罰法令に触れる行為を行った者及び18歳未満の者であり虞犯事由がありかつ虞犯性のある者」と定義することができる。なお，一般に①罪を犯した少年のことを「犯罪少年」，②14歳に満たないで刑罰法令に触れる行為をした少年のことを「触法少年」，③虞犯事由があり虞犯性のある少年（特定少年を除く。）のことを「虞犯少年」という。

　上記のとおり，非行少年の範囲は比較的狭いものであるが，非行少年に含まれなくとも警察による指導等が必要な少年も存在することから，少年警察活動規則は，「非行少年には該当しないが，飲酒，喫煙，深夜はいかいその他自己又は他人の徳性を害する行為（以下「不良行為」という。）をしている少年」を「不良行為少年」と定義し（2条7号），補導の対象としている（14条1項）。

第2節　少年非行の現状

　次に少年非行の現状について確認する。少年非行に関して最もまとまっており信頼に足りる統計は，犯罪白書によるものであり，『令和5年版　犯罪白書』には，1946（昭和21）年以降の少年による刑法犯・危険運転致死傷・過失運転致死傷等による検挙人数が示されている。

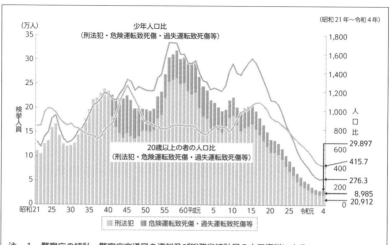

注　1　警察庁の統計，警察庁交通局の資料及び総務省統計局の人口資料による。
　　2　犯行時の年齢による。ただし，検挙時に20歳以上であった者は，20歳以上の者として計上している。
　　3　触法少年の補導人員を含む。
　　4　「少年人口比」は，10歳以上の少年10万人当たりの，「20歳以上の者の人口比」は，20歳以上の者10万人当たりの，それぞれの検挙人員である。
　　5　昭和40年以前は，道路上の交通事故に係らない業務上（重）過失致死傷はもとより，道路上の交通事故に係る業務上（重）過失致死傷についても，「刑法犯」に含めて計上している。
　　6　①において，昭和45年以降は，過失運転致死傷等による触法少年を除く。

出典）法務省『令和5年版　犯罪白書』より引用

図7－1　少年による刑法犯等検挙人数・人口比の推移

　図7－1は検挙人数の推移であるが，1951（昭和26）年ごろに第一の山，1964（昭和39）年ごろに第二の山，1983（昭和58）年ごろに第三の山が存在した後，急激に減少し，1996（平成8）年ごろから2003（平成15）年ごろに横ばい又は増加傾向を示したものの，その後，統計が取られている2022（令和4）年まで顕著に減少しており，過去最低の水準にある。また，**図7－1**のうち折れ線グラフには，少年の人口比での検挙人数があるが，これもやはり2003（平成15）年ごろを機に急激に減少している。

　統計上，少年による刑法犯等の検挙人数は，実数においても少年人口比においても過去最低水準であり，少年非行が年々深刻化して

いるというような言説には全く根拠がない。

第3節　非行少年の処遇

1．犯罪少年と触法少年及び虞犯少年との相違

　次に，非行少年の処遇について扱う。その前提として，非行少年の中でも犯罪少年は文字通り「犯罪」を行った少年であるのに対し，触法少年及び虞犯少年は「犯罪」を行った少年ではないという点を押さえておく必要がある。触法少年は，14歳未満で刑罰法令に触れる行為をした少年であり，「刑罰法令に触れる行為」は通常であれば犯罪となる行為であるが，刑法が「14歳に満たない者の行為は，罰しない」（41条）としているため，触法少年の行った行為は犯罪とはならない。また，虞犯少年は，虞犯事由及び虞犯性のある少年であり，将来，罪を犯し，又は刑罰法令に触れる行為を行う虞のある少年ではあるものの，未だ犯罪を行っていない。同じ非行少年という括りであっても，犯罪少年には，刑事事件として捜査，公判が行われ刑罰を課し得るところ少年法が「少年の刑事事件について特別の措置」（1条）を講じている結果として刑罰が課されないことが多いのに対し，触法少年及び虞犯少年には，そもそも刑罰を課し得ないというところに根本的な相違が存在するのである。

　図7－2は，非行少年に対する処遇の概要である。以下，処遇の概要を踏まえ，処遇の段階ごとに重要な部分を中心に述べることとする。

2．捜査機関による捜査と家庭裁判所への送致等

　警察は，犯罪の発生を認知したときは捜査を行い（刑事訴訟法189条2項），被疑者の逃亡又は証拠隠滅を防止するために，裁判官の令状を得て逮捕（同法199条）や勾留（同法207条）といった身体拘束の処分を行うことがある。被疑者が成人である場合には，警察は，検察官に事件を送致し（同法246条本文），検察官におい

て公訴を提起（同法247条）するかどうかの判断を行うが，犯罪の嫌疑があっても一定の軽微な犯罪であれば警察から検察官に事件

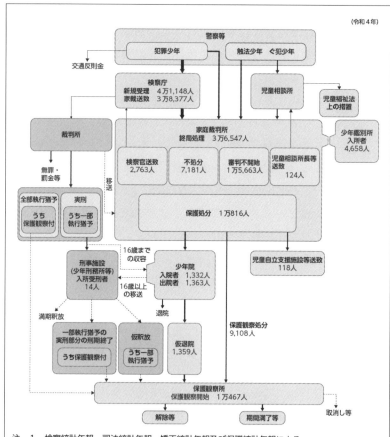

図7－2　非行少年処遇の概要

注　1　検察統計年報，司法統計年報，矯正統計年報及び保護統計年報による。
　　2　「検察庁」の人員は，事件単位の延べ人員である。例えば，1人が2回送致された場合には，2人として計上している。
　　3　「児童相談所長等送致」は，知事・児童相談所長送致である。
　　4　「児童自立支援施設等送致」は，児童自立支援施設・児童養護施設送致である。
　　5　「出院者」の人員は，出院事由が退院又は仮退院の者に限る。
　　6　「保護観察開始」の人員は，保護観察処分少年及び少年院仮退院者に限る。
　　7　本図及び数値は，令和4年3月までは少年法の一部を改正する法律（令和3年法律第47号）施行前の手続により，同年4月以降は同法施行後の手続による。

出典）法務省『令和5年版　犯罪白書』より引用

を送致しなかったり（同法246条但書），検察官において公訴を提起しなかったりすることができる（同法248条）。被疑者が少年である場合には，犯罪の嫌疑がある限り，警察又は検察官から家庭裁判所に事件を送致しなければならないとされている（少年法41条，42条1項）。

　触法少年及び虞犯少年が行った行為は犯罪ではなく，刑事訴訟法に基づく捜査を行うことはできない。ただし警察は，触法少年の行った事件について調査をすることができ（6条の2第1項），調査の結果一定の罪に係る刑罰法令に触れるものである又は家庭裁判所の審判に付すことが適当であると思料するときは，事件を児童相談所長に送致しなければならない（6条の6第1項）。これは，14歳未満で刑罰法令に触れる行為をした少年には福祉上の深刻な問題が存在する可能性が高く，児童福祉法上の「児童」*4 の福祉に関する専門機関である児童相談所に少年の処遇の決定を委ねさせるものである。警察は，虞犯少年が14歳未満である場合には，児童相談所に少年の処遇の決定を委ねさせるため児童相談所長に事件を送致する。一方，14歳以上18歳未満である場合には，家庭裁判所に送致することができるが，警察において児童福祉法上の措置が適当であると認めるときには，児童相談所に通告することができる（6条2項）。

　触法少年の送致を受けた児童相談所長等は，児童福祉法27条1項各号のいずれかの措置を取ることとなるが，少年の行為が，故意の犯罪行為により被害者を死亡させた罪，死刑又は無期若しくは短期2年以上の懲役若しくは禁錮に当たる罪（6条の6第1項1号）に係る刑罰法令に触れるものとして送致を受けた場合には，原則として事件を家庭裁判所に送致しなければならない（6条の7第1項）。

　虞犯少年の通告を受けた児童相談所も，最終的には児童福祉法27条1項各号のいずれかの措置を取ることとなり，家庭裁判所へ

の送致が選択されることもある。児童相談所における手続は，児童福祉法に基づく「児童」の保護のための手続であるという点において，児童虐待の場合の対応と共通する部分が多い（第8章参照）。

3．非行少年の家庭裁判所への送致後の手続

　非行少年の送致を受けた家庭裁判所は，事件について調査を行う（8条1項）とともに，家庭裁判所調査官に命じて，少年，保護者，参考人の取調べその他の調査を行わせることができる（同条2項）。また，審判を行うために必要があるときは，少年を少年鑑別所に収容して身体拘束を行う観護措置を取ることができる（17条1項2号）が，少年鑑別所において行われる各種検査や鑑別所内での生活状況等の観察など鑑別の結果は家庭裁判所の調査の重要な資料となる（9条）。また，家庭裁判所調査官は，少年が児童又は生徒（以下，生徒等とする。）である場合には，生徒等の所属する学校に対して，学校への出欠状況，生活状況等の照会を行う。

　家庭裁判所は，調査の結果，審判を開始することが相当であると認めるときは，審判開始の決定をしなければならない（21条）が，家庭裁判所において少年に対する処分が必要でないことが明らかであるような場合には，審判不開始の決定がなされ（19条1項），その時点で手続が終了する。少年事件の審判は非公開であり（22条2項），審判では，少年の行った犯罪，刑罰法令に触れる行為，虞犯行為及び虞犯性といった非行事実とともに，再度の非行に及ぶ可能性を中心として矯正可能性や保護処分を行うことの相当性を含んだ要保護性が審理され認定されることとなる。家庭裁判所による審理が終結した場合には，終局決定がなされる。2022（令和4）年には少年3万6,547人に終局決定がなされており，審判不開始1万5,663人，不処分7,181人，検察官送致2,763人，児童相談所長等送致124人，保護処分1万816人（保護観察処分9,108人，児童自立支援施設等送致118人など）となっている（図7−2）。

以下では特に重要な処分についてのみ説明をする。

　審判不開始は審判を開始しない処分であり（19条1項），不処分は審判を開始したが保護処分に付さない処分である（23条2項）。検察官送致は，審判での調査の結果，罪質及び情状に照らして刑事処分が相当であると認めるとき，検察官に送致する処分である（20条1項）が，①故意の犯罪行為により被害者を死亡させた罪の事件であって，その罪を犯したとき16歳以上であった場合（同条2項），②特定少年については①に加え，死刑又は無期若しくは短期1年以上の懲役若しくは禁錮に当たる罪の事件であって，その罪を犯したとき特定少年であった場合（62条2項2号），には原則として検察官に送致しなければならない。検察官に送致された後は，処分において死刑や無期懲役の刑が緩和される場合や不定期刑が言い渡される場合のあるほかは，基本的には成人と同様に刑事事件としての審理，判決等がなされる。なお，触法少年及び虞犯少年については，行った行為が犯罪ではないことから検察官送致の処分を行うことはできない。家庭裁判所は上記の処分又は児童相談所長等送致の処分（18条1項）を取らない場合には，保護観察所の保護観察に付すること（24条1項1号），児童自立支援施設等に送致すること（同項2号），少年院に送致すること（同項3号）のいずれかの保護処分をしなければならない。

　これらの終局処分とは別に，家庭裁判所は保護処分を決定するために必要があると認めるときは，相当の期間，家庭裁判所調査官の観察に付することができ（25条1項），これは試験観察と呼ばれており，試験観察中の状況を踏まえて終局処分が行われることとなる。

4．保護観察と少年院送致

　最後に，保護観察と少年院送致について，簡単に説明する。少年に対する保護観察は，上記のとおり家庭裁判所において保護観察所

の保護処分に付すとの処分があった場合のほかに少年院を仮退院した場合にも実施され（更生保護法48条1号，2号），一定の遵守事項を定め（同法50条，51条），保護観察官や保護司の指導監督を受けて原則として20歳に達するまで若しくは2年（同法66条）又は少年院の収容期間満了までの間，社会内において更生を図るというものである。少年が保護観察中に遵守事項を守らなかった場合には，保護観察所の長による警告（同法67条1項）や，家庭裁判所の決定により少年院への送致（少年法26条の4第1項），少年院仮退院者を少年院に戻して収容する決定（更生保護法72条1項）がされる可能性があることに注意が必要である。

　少年院送致は，矯正教育その他の在院者の健全な育成に資する処遇を行う（少年院法1条）施設に少年を収容する処分であり，原則として20歳に達するまで，ただし送致時20歳に達するまでの期間が1年未満である場合には1年間収容されることとなる（同法137条1項）が，実際の収容期間は家庭裁判所による処遇勧告も踏まえた仮退院（同法135条）により比較的短期間であることも多い。少年は，年齢や心身の障害の程度，犯罪傾向等により第1種から第5種までに区分された少年院に収容されて，生活指導，職業指導，教科指導，体育指導，特別活動指導等の矯正教育を受けることとなる。

第4節　少年非行と生徒指導

　学校に在学している生徒等が少年非行を行った場合には，非行が学校における懲戒などの処分や生徒指導の契機となりえるところである。非行を契機とした生徒指導において生徒等との信頼関係と正確な事実の確認が重要であることは，『生徒指導提要』でも言及されている[*5]。しかし，特に高校以上の学校や私立学校に在学する生徒等による非行の場合には，これを困難にさせる事情が存在する。

　学校としては，生徒等に納得のいく指導をしたり場合によっては懲戒退学を含めた処分を行ったりするために非行の内容について正確な事実を把握したいが，生徒等や保護者としては，懲戒退学の処分や自主退学の勧告を受けることを避けるため学校に非行の事実を把握させないように立ち回ることがある。生徒等が，せっかく入学した学校を辞めることは避けたいと思うことは当然であるが，加えて，非行少年が学校に在学している場合には，保護観察期間中の再処分率が無職少年，有職少年に比べて相当に低く[*6]，家庭裁判所も，一般に非行少年が生徒等として在学を継続することについて再犯可能性，要保護性を顕著に減少させる事情として評価して審判で軽い処分を行うことから，非行少年の弁護人又は付添人においても，非行の事実を学校に把握されないことを重要な弁護方針とする場合があるためである。もちろん，生徒等にとって最も良いのは，学校が非行に関する事実関係を把握したうえで生徒等の在学を継続させ，学校でも生徒指導を通じて生徒等の更生を支えてくれることであり，これは少年事件の弁護方針としても最も良いのであるが，学校に非行の事実を把握され在学を継続できなくなる可能性があるという状況を踏まえ，次善の策として学校に非行の事実を把握させないということが選択されているに過ぎないのである。

　確かに『生徒指導提要』においても学校と警察や家庭裁判所との間の連携の重要性がうたわれており[*7]，警察と締結している協定書の内容によっては生徒等の逮捕に関する情報提供があったり，家庭裁判所調査官からの学校照会によって生徒等に関する少年事件が家庭裁判所に係属していることを把握できたりする可能性はあるが，学校照会には非行事実の内容が記載されていないし，一般に警察からの情報提供も被疑事実の内容は含まれていない上，逮捕時点での被疑事実と家庭裁判所への送致や終局処分時点での非行事実とが異なることも多く，関係機関等と連携したとしても学校が非行の正確

な事実を把握することは難しい。学校としては，懲戒処分に関する基準を作成して生徒等に周知するなど，生徒等に対する処分の予測可能性を担保するとともに，審判手続への協力を申し出るなどして，学校による事実の把握への協力を求めることも検討してよいだろう。

　学校として，非行少年である生徒等の審判手続への協力を行う場合には，少年鑑別所に収容されている生徒等に管理職や生徒指導主事，担任や部活動顧問などの教員が面会に行き，生徒等の心情の安定を図るとともに，家庭裁判所調査官や少年鑑別所職員の了解を得て，生徒等に対して非行への振り返りや反省を促すことや，家庭裁判所の許可を得た上で，教員が審判の場に出席して，今後の学校としての生徒等への監督，指導の計画等を述べることも可能である。審判の手続中にも生徒等との関わり合いを絶たないことは，生徒等が学校に復帰した後の生徒指導を充実させるためにも極めて有効である。

〈註〉
＊1　文部科学省『生徒指導提要（改訂版）』12頁。
＊2　本章において，少年法の条項は，法律名を省略して表記する。
＊3　民法は，満18歳をもって「成年」としており（4条），少年法における年齢区分とは異なる。
＊4　「児童」とは，満18歳に満たない者をいう（児童福祉法4条1項）。
＊5　文部科学省『生徒指導提要（改訂版）』160頁。
＊6　法務省『令和5年版　犯罪白書』279頁。
＊7　文部科学省『生徒指導提要（改訂版）』165-167頁。

〈参考文献〉
・裁判所職員総合研修所監修『少年法実務講義案（三訂補訂版）』司法協会（2018年）
・坂田仰編著『三訂版　学校と法―「権利」と「公共性」の衝突―』放送大学教育振興会（2020年）

第8章 児童虐待への対応

田中　洋

はじめに

　2000（平成12）年に児童虐待の防止等に関する法律（以下，児童虐待防止法とする）が制定されており，その後，児童虐待の相談対応件数は増加し続けている。本章では，児童虐待とは何か，その定義等を整理したうえで，児童虐待に関わり，学校に求められている対応について，主に法令や文部科学省の文書等を概観することによって，検討してみたい。

第1節　児童虐待とは何か

　児童虐待の現状を示すデータの1つとして，児童相談所における虐待相談対応件数があげられる（**図8−1**）。それによれば，データを取り始めた1990（平成2）年度の1,101件から，現時点で最新の2022（令和4）年度の21万9,170件に至るまで，件数は一貫して増加し続けている。特に，1999（平成11）年度に1万1,631件と1万件を超えてからは，その増加率は著しく，毎年，過去最多の件数を更新し続けているのが現状である。このような状況は，児童虐待の防止が一刻の猶予も許さない深刻な課題であることを示していることはいうまでもないが，一方で，児童虐待への対応が進んでいることを示しているともいえよう。なぜなら，「関係機関の児童虐待防止に対する意識や感度が高まり，関係機関からの通告が増えている」ともいえるからである。

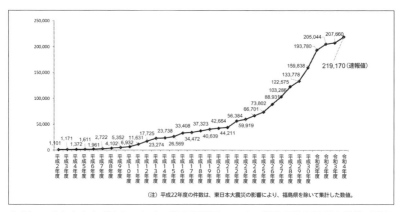

出典）こども家庭庁「令和４年度　児童相談所における児童虐待相談対応件数（速報値）」より引用

図８–１　児童相談所における虐待相談対応件数とその推移

　それまで児童福祉法により対応してきたが，2000（平成12）年に児童虐待に特化した児童虐待防止法が制定された。児童虐待防止法２条によれば，児童虐待は，その態様により，①身体的虐待，②性的虐待，③ネグレクト，④心理的虐待，の４種類に分けて定義される。

　①身体的虐待とは，「児童の身体に外傷が生じ，又は生じるおそれのある暴行を加えること」（同条１号）である。例えば，殴る，蹴る，叩く，投げ落とす，激しく揺さぶる，やけどを負わせる，溺れさせる，などは，すべてこれに該当する。

　②性的虐待とは，「児童にわいせつな行為をすること又は児童をしてわいせつな行為をさせること」（同条２号）である。子どもへの性的行為はもちろん，性的行為を見せる，ポルノグラフィの被写体にする，などが，これに含まれる。

　③ネグレクトとは，「児童の心身の正常な発達を妨げるような著しい減食又は長時間の放置，保護者以外の同居人による前二号又は次号に掲げる行為と同様の行為の放置その他の保護者としての監護

を著しく怠ること」である（同条3号）。例として，家に閉じ込める，食事を与えない，ひどく不潔にする，自動車の中に放置する，重い病気になっても病院に連れて行かない，などが考えられる。

④心理的虐待とは，「児童に対する著しい暴言又は著しく拒絶的な対応，児童が同居する家庭における配偶者に対する暴力…その他の児童に著しい心理的外傷を与える言動を行うこと」である（同条4号）。ここでは，児童に対するものだけではなく，「児童が同居する家庭における配偶者に対する暴力」も含まれることが重要である。ここでの「配偶者」には，「婚姻の届出をしていないが，事実上婚姻関係と同様の事情にある者」が含まれ，「暴力」とは，配偶者に対する「身体に対する不法な攻撃であって生命又は身体に危害を及ぼすもの及びこれに準ずる心身に有害な影響を及ぼす言動」を指す。したがって，子どもへの言葉による脅しや無視，きょうだい間での

表8−1　児童相談所における虐待相談の内容別件数の推移

児童相談所における虐待相談の内容別件数の推移

○心理的虐待の割合が最も多く，次いで身体的虐待の割合が多い。

	身体的虐待		ネグレクト		性的虐待		心理的虐待		総　数	
平成23年度	21,942	(36.6%)	18,847	(31.5%)	1,460	(2.4%)	17,670	(29.5%)	59,919	(100.0%)
平成24年度	23,579	(35.4%)	19,250	(28.9%)	1,449	(2.2%)	22,423	(33.6%)	66,701	(100.0%)
平成25年度	24,245	(32.9%)	19,627	(26.6%)	1,582	(2.1%)	28,348	(38.4%)	73,802	(100.0%)
平成26年度	26,181	(29.4%)	22,455	(25.2%)	1,520	(1.7%)	38,775	(43.6%)	88,931	(100.0%)
平成27年度	28,621	(27.7%)	24,444	(23.7%)	1,521	(1.5%)	48,700	(47.2%)	103,286	(100.0%)
平成28年度	31,925	(26.0%)	25,842	(21.1%)	1,622	(1.3%)	63,186	(51.5%)	122,575	(100.0%)
平成29年度	33,223	(24.8%)	26,821	(20.0%)	1,537	(1.1%)	72,197	(54.0%)	133,778	(100.0%)
平成30年度	40,238	(25.2%)	29,479	(18.4%)	1,730	(1.1%)	88,391	(55.3%)	159,838	(100.0%)
令和元年度	49,240	(25.4%)	33,345	(17.2%)	2,077	(1.1%)	109,118	(56.3%)	193,780	(100.0%)
令和2年度	50,035	(24.4%)	31,430	(15.3%)	2,245	(1.1%)	121,334	(59.2%)	205,044	(100.0%)
令和3年度	49,241	(23.7%)	31,448	(15.1%)	2,247	(1.1%)	124,724	(60.1%)	207,660	(100.0%)
令和4年度	51,679	(23.6%)	35,556	(16.2%)	2,451	(1.1%)	129,484	(59.1%)	219,170	(100.0%)

※ 割合は四捨五入のため，100％にならない場合がある。

出典）こども家庭庁「令和4年度　児童相談所における虐待相談対応件数（速報値）」より引用

差別的扱いといった子どもに対するものだけではなく，子どもの目の前で家族に対して暴力をふるう（DV）ことなども，心理的虐待にあたることになる。

この4種類の児童虐待の内訳について，近年の傾向を見ると，心理的虐待が最も多く6割前後を占め，次に身体的虐待が4分の1前後，さらにネグレクトが続き，最後に性的虐待が1％程度となっている。2022（令和4）年度では，心理的虐待が12万9,484件（59.1％），身体的虐待が5万1,679件（23.6％），ネグレクトが3万5,556件（16.2％），そして性的虐待が2,451件（1.1％）となっている（表8－1）。

第2節　学校に求められる役割

1．なぜ学校か

児童虐待防止法では，学校や教職員に対しても，その特性に応じた役割が求められている。しかし，そもそも本来的には教育機関である学校に，なぜ，児童虐待への対応が求められるのか，その点について，まず考えてみたい。

学校関係者ならずとも，「虐待は家庭の問題であり，家庭が本来的にすべきことができずにいる特殊な事例の問題である。そうした問題を取り扱うのは福祉領域であり，福祉がきちんと対応できているならば子ども虐待の問題は学校にはもち込まれないはずである」[1]と考えるのは，決して珍しいことではないであろう。これに対して，玉井（2013）は，「『虐待対応は福祉の専門領域であり，学校は無関係』という姿勢はまったくの間違い」であり，「副次的どころか，学校現場と教育委員会は，社会全体の虐待対応システムにおいてむしろ中心的な位置にあるべき機関」であると断言する。その理由として，「わが国のヒューマンサービス体系のなかですべての子どもと家族に投網的に関与する権限を有しているのが学校シ

ステムだけ」という点があげられる。すなわち，「医療・保健・福祉といったシステムは，受益者が自らの意志でそのサービスにアクセスしてこない限り，積極的な関与がしづらい仕組みをもって」おり，虐待も「周囲が考える『支援の必要性』が，当事者には共有されにくい」。

　それに対して，学校は，「子どもの居所に応じて，義務教育段階であれば必ず『担任』が決定され」，「家庭との接触を含めた関与の権限が与えられる」し，「親の方も『学校は子どものことをするところ』という認識があるため，比較的話し合いの切り口を見いだしやすい」ため，「学校システムが虐待対応に組み込まれていくことは必然的なこと」と考えられる[2]。以下では，学校に求められる役割について，具体的に見ていくこととする。

２．早期発見

　児童虐待防止法５条１項は，<u>学校</u>，児童福祉施設，病院，都道府県警察，婦人相談所（2024年4月1日以降，女性相談支援センター），<u>教育委員会</u>，配偶者暴力相談支援センターその他児童の福祉に業務上関係のある団体及び<u>学校の教職員</u>，児童福祉施設の職員，医師，歯科医師，保健師，助産師，看護師，弁護士，警察官，婦人相談員（2024年4月1日以降，女性相談支援員）その他児童の福祉に職務上関係のある者は，児童虐待を発見しやすい立場にあることを自覚し，児童虐待の早期発見に努めなければならない（下線筆者）と規定している。

　学齢期の子どもが，家庭以外でその多くの時間を過ごす場所が通常は学校であることは，言うまでもないであろう。そのような場所で子どもたちと関わる教職員が，「児童虐待を発見しやすい立場にある」こともまた自明である。その点に鑑み，児童虐待防止法は，学校，学校の教職員，さらに教育委員会も含めて，児童虐待を早期に発見するように努力する義務を課しているのである。

3．通告

　児童虐待防止法6条1項は、「児童虐待を受けたと思われる児童を発見した者は、速やかに、これを市町村、都道府県の設置する福祉事務所若しくは児童相談所又は児童委員を介して市町村、都道府県の設置する福祉事務所若しくは児童相談所に通告しなければならない。」と規定している。

　教職員等に限らず、「児童虐待を受けたと思われる児童を発見した者」には、児童相談所などに速やかに通告する義務が課されている。ここで注意しなければならないのは、通告義務が生じることになる発見対象が、「児童虐待を受けた」児童ではなく、「児童虐待を受けたと思われる児童」となっている点である。虐待の確信まで持てなくても、虐待だと思えば、発見者は通告しなければならない。虐待か否かの判断は、本来的には通告を受ける側、すなわち児童相談所などの責任であり、学校は疑いを持てば通告する義務が生じることになる。『生徒指導提要』では、「学校が通告をためらう中には、大したけがではないとか、既にあざなどが消えているなどの場合があり、そこで次に何かあったら通告しようと先延ばしにしてしまう例も見られ」ると指摘し、その場合も通告を行うことを求めている（180頁）。児童虐待防止法も、教職員が通告をためらうことのないように、この場合の通告義務を教職員の守秘義務に優先させることを規定している*3。

4．国・地方公共団体への協力

　教職員は、児童虐待の防止や児童虐待を受けた児童の保護・自立の支援に関して、関係機関への協力に努力しなければならない（児童虐待防止法5条2項）。ここで関係機関とは、主として児童相談所や市町村の虐待対応担当部署、警察などが考えられる。

5．児童・保護者への教育・啓発

　児童虐待防止法5条5項では、「学校及び児童福祉施設は、児童

及び保護者に対して，児童虐待の防止のための教育又は啓発に努めなければならない。」と規定している。

　学校は，児童虐待を防止するため，児童に対する教育及び保護者に対する啓発に努力しなければならない。児童に対しては，授業だけでなく日常的な指導の機会をとらえて，児童虐待について，子どもの発達段階にあわせて理解できるように伝えなければならない。また，保護者に対しても，保護者会などの機会をとらえて，虐待防止へ注意を喚起するように努めなければならない。

6．情報の提供

　児童虐待防止法13条の4では，学校教職員を含めた「児童の医療，福祉又は教育に関連する職務」の従事者などに対して，児童相談所や市町村の虐待対応担当から虐待に関わる児童や保護者その他の関係者に関する資料や情報の提供を求められた場合には，必要な範囲で提供することができると規定されている。ただし，「当該資料又は情報に係る児童，その保護者その他の関係者又は第三者の権利利益を不当に侵害するおそれがあると認められるときは，この限りでない」とされている。

　この点について，保護者から情報元に関する開示を求められた場合には，情報元を保護者に開示してはならず，児童相談所等と連携して対応しなければならない[*4]。さらに，学校が保護者から威圧的要求や暴力を受ける等の可能性がある場合には，設置者と連携して速やかに児童相談所，警察等の関係機関，弁護士等の専門家と情報共有し，対応を検討することなどが重要である[*5]。

第3節　学校にできること

　前節において，児童虐待防止法が学校に求めている役割を概観した。ここでは，それを基にしたうえで，児童虐待を防止するために学校ができることについて，もう少し詳しく検討してみたい。

1．早期発見のために

　前節で述べたように，児童虐待を防止するために学校が期待されるのは，「日々接している児童生徒の様子の変化や言動等から虐待を受けている可能性を把握しやすい立場である」からである（『生徒指導提要』177頁）。したがって，その役割を果たすためには，普段から児童生徒の様子をよく観察し把握しておくとともに，虐待を受けた子どもが示す特徴について理解しておくことも必要である。また，生徒指導上の課題を持つ子どもの中には，児童虐待の影響が考えられることも留意しておかなければならない。その点も含めて，文部科学省の手引にあるチェックリストなどを活用することも有効である[*6]。

2．関係機関との連携

　上述したように，児童虐待防止法では，虐待の予防・防止や虐待を受けた子どもの保護・自立支援に関して，国や地方公共団体の施策への協力に努めることが，学校に求められている（同法5条2項）。その関係機関との連携においては，要保護児童対策地域協議会（以下，要対協とする）が重要である。この要対協は，福祉的な支援が必要な子どもを対象に，それぞれの関係機関間で子どもとその保護者に関する情報交換や支援内容の協議を行う場であり，地方公共団体に対して設置するよう努める義務が課されている（児童福祉法25条の2，『生徒指導提要』115-116頁）。要対協では，構成機関に守秘義務が課されるため，関係機関との間で個人情報の共有が可能となり，より密接な連携が可能になる。

　学校は，要対協の構成員である場合はもちろん，そうでない場合であっても，協議や情報提供に協力することによって，虐待の防止や子どもの適切な保護に努めなければならない[*7]。

3．保護者への啓発

　前述したように，児童虐待防止法5条5項では，学校が，保護者

に対して，児童虐待防止のための啓発に努めることを求めている。ここで具体的に考えられる例としては，児童虐待が与える子どもへの悪影響や子どもに関わる心配や不安について相談してほしい旨を伝えることなどが想定される。さらには，親権者等による体罰の禁止が法律に明記されたことについて，保護者へ周知することなども重要である。

　民法では，親権者に懲戒権が認められており，その懲戒権の一環として体罰も認められるか否かが曖昧であった。そのため，「しつけのための体罰や，愛のムチということが容認される風潮も一部に見られ」たのが事実である。それが，「近年の児童虐待による脳の機能への影響に関する研究の成果などから，幼少期の体罰や不適切な養育が，想像以上に子供に悪影響を及ぼすことが明らかになってき」たため，2019（令和元）年に児童虐待防止法が改正され，次のように，親権者等による体罰の禁止が法定化された（2020（令和2）年施行，『生徒指導提要』176頁）。

　児童虐待防止法14条は，「児童の親権を行う者は，児童のしつけに際して，児童の人格を尊重するとともに，その年齢及び発達の程度に配慮しなければならず，かつ，体罰その他の児童の心身の健全な発達に有害な影響を及ぼす言動をしてはならない。」とするとともに，「児童の親権を行う者は，児童虐待に係る暴行罪，傷害罪その他の犯罪について，当該児童の親権を行う者であることを理由として，その責めを免れることはない。」と規定している。

　さらに，2022（令和4）年の民法改正によって，親権者による懲戒権の規定が削除されるとともに，体罰の禁止が明記された。民法820条で「親権を行う者は，子の利益のために子の監護及び教育をする権利を有し，義務を負う。」と定めたうえで，民法821条では，「親権を行う者は，前条の規定による監護及び教育をするに当たっては，子の人格を尊重するとともに，その年齢及び発達の程

度に配慮しなければならず，かつ，体罰その他の子の心身の健全な発達に有害な影響を及ぼす言動をしてはならない。」と規定している。

このように法的にも子どもへの虐待を防止する動きが強化されており，例えば，2020（令和2）年に公にされた厚生労働省「体罰等によらない子育てのために～みんなで育児を支える社会に～」によれば，次のような事例を体罰に該当すると示して，啓発に努めている。

- ●言葉で3回注意したけど言うことを聞かないので，頬を叩いた
- ●大切なものにいたずらをしたので，長時間正座をさせた
- ●友達を殴ってケガをさせたので，同じように子どもを殴った
- ●他人のものを取ったので，お尻を叩いた
- ●宿題をしなかったので，夕ご飯を与えなかった
- ●掃除をしないので，雑巾を顔に押しつけた

以上のような事項について，学校が機会をとらえて，保護者に伝えることも，児童虐待を防止するうえで重要であろう。

まとめに代えて

本章では，児童虐待に関わり学校が行うべき対応について，児童虐待防止法の規定を中心に概観してきた。もっとも，学校が児童相談所等へ通告した後も，子どもへの対応は続いていくのであり，学校も無関係ではない。そこで最後に，児童相談所等への通告後の流れについて簡単に見ておくことによって，まとめに代えることとしたい。

児童虐待を受けたと思われる児童について，児童相談所等に通告がなされると，児童相談所等の長は，当該児童との面会その他の当該児童の安全を確認するために必要な措置を行う（児童虐待防止法

8条）。児童相談所長は，児童の安全を迅速に確保し適切な保護を図るため，又は児童の心身の状況等を把握するため，児童の一時保護を行うことができる（児童福祉法33条1項）。一時保護の期間は，原則として2ヶ月であるが，必要があると認めるときは，引き続き一時保護を行うことができる（同法33条3項，4項）。親権者の意に反して2ヶ月を超えた一時保護を行おうとするときは，家庭裁判所の承認を得れば，引き続き一時保護を行うことができる（同法33条5項）。そのような過程を経て，児童相談所長が必要があると認めた時には，福祉的な措置が採られることになる（児童福祉法26条，27条）。

　このような一連の流れも踏まえながら，児童虐待に関わり学校が果たすべき役割について理解したうえで対応にあたることが，教職員には求められているのである。

〈註〉
＊1　玉井邦夫『新版　学校現場で役立つ子ども虐待対応の手引き』明石書店（2013年）18-19頁。
＊2　前掲註1，19-20頁。
＊3　刑法（明治40年法律第45号）の秘密漏示罪の規定その他の守秘義務に関する法律の規定は，第1項の規定による通告をする義務の遵守を妨げるものと解釈してはならない（児童虐待防止法6条3項）。
＊4　内閣府・文部科学省・厚生労働省「児童虐待防止対策に係る学校等及びその設置者と市町村・児童相談所との連携の強化について」（平成31年2月28日付け府子本第189号，30文科初第1616号，子発0228第2号，障発0228第2号）。
＊5　文部科学省「学校・教育委員会等向け虐待対応の手引き」（令和2年6月改訂版）3頁。
＊6　前掲註5，15頁。
＊7　内閣府・文部科学省・厚生労働省「学校，保育所，認定こども園及び認可外保育施設等から市町村又は児童相談所への定期的な情報提供について」（平成31年2月28日付け府子本第190号，30文科初第1618号，

子発0228第3号，障発0228第3号）。

〈参考文献〉
・波多江俊介「児童虐待への対応」黒川雅子・山田知代・坂田仰編著『生徒指導・進路指導論』教育開発研究所（2019年）
・保育・学校現場での虐待対応研究会編著『保育者・教師に役立つ子ども虐待対応実践ガイド』東洋館出版社（2013年）
・宮田雄吾「虐待─乗り越えるべき4つの困難」木村草太編著『子どもの人権をまもるために』晶文社（2018年）
・文部科学省「学校・教育委員会等向け虐待対応の手引き」（令和2年6月改訂版）

第9章　不登校

小林　晃

はじめに

多くの学校で抱える喫緊の課題の一つとして不登校がある。これまでも不登校の解消に向けた様々な取組がなされてきているが，その取組は時代とともに変容しながら今日に至っている。

本章では，不登校の変遷と現状を概観し，不登校の要因や背景を踏まえながら，児童生徒の状況に応じた取組など具体的な支援策を考えていく。

第1節　不登校の定義と捉え方の変遷

文部科学省は，毎年，「児童生徒の問題行動・不登校等生徒指導上の諸課題に関する調査」において，不登校の実態把握を行っている。調査では，不登校を「年度間に30日以上登校しなかった児童生徒」のうち，「何らかの心理的，情緒的，身体的，あるいは社会的要因・背景により，児童生徒が登校しないあるいはしたくともできない状況にある者（ただし，「病気」や「経済的理由」，「新型コロナウイルスの感染回避」による者を除く。）」と定義している。『生徒指導提要』によれば，日本において不登校が注目され始めたのは昭和30年代半ばまで遡る。当初は，学校に行けない児童生徒の状態から「学校恐怖症」と呼ばれていたが，その後も学校に行けない児童生徒が増加したため教育問題化し，「登校拒否」と呼称が変わっていった。

平成に入り，依然として登校拒否児童生徒数が増加傾向にあることを受けて，旧文部省は，「登校拒否問題への対応について」（平成４年９月24日付け文初中330）を発し，「登校拒否はどの児童生徒にも起こりうるものである」とする考え方を示した。そして，1998（平成10）年度に，学校基本調査において「学校ぎらい」としてきた区分が「不登校」に変更され，不登校という言葉が定着していったと言える。

　社会の変化に伴い，不登校の要因・背景はますます複雑さを呈し，本人・家庭・学校に関わる様々な要因が複雑に絡み合っている場合が多く見られるようになる。その背景には，社会における「学びの場」としての学校の相対的な位置付けの低下や学校に対する保護者，児童生徒自身の意識の変化などの影響が指摘され，不登校の児童生徒がどのような状態にあり，どのような支援を必要としているのか見極めていくことが重要視されていくようになった。

　2016（平成28）年７月には，不登校に関する調査研究協力者会議が「不登校児童生徒への支援に関する最終報告」を発表し，そこでは，学校や教育関係者に対し，「一層充実した指導や家庭への働き掛け等」を行うことが重要だとした。ただし，不登校の対応は，学校のみで取り組むことが困難な場合が多いことから，「学校への支援体制や関係機関との連携協力等のネットワークによる支援」の方策等についての検討がなされ，多様な要因・背景により結果として不登校になっているとし，その行為を「問題行動」と判断してはならないことが指摘された。

　その後，2016（平成28）年12月には「義務教育の段階における普通教育に相当する教育の機会の確保等に関する法律」（平成28年法律第105号）（以下，確保法とする）が成立し，不登校児童生徒に対する支援の在り方が法律上明記されるに至った。これを受けて，平成29年・平成30年版学習指導要領総則には，不登校

児童生徒への配慮が盛り込まれた。

　2017（平成29）年には，文部科学省が，フリースクール等に関する検討会議による「不登校児童生徒による学校以外の場での学習等に対する支援の充実〜個々の児童生徒の状況に応じた環境づくり〜」（平成29年2月13日）と題する報告を受けて，「不登校児童生徒による学校以外の場での学習等に対する支援の充実について（通知）」（平成29年3月28日付け28文科初第1816号）を発出し，教育長や都道府県知事等に対して，フリースクール等の民間の団体等との連携や家庭での学習等に対する支援の充実を求めた。

　2018（平成30）年には，「不登校児童生徒，障害のある児童生徒及び日本語指導が必要な外国人児童生徒等に対する支援計画を統合した参考様式の送付について（通知）」（平成30年4月3日付け29文科初第1779号）で，複数の課題（例：日本語能力に応じた指導が必要であり，かつ不登校など）を抱える児童生徒について，支援計画を一つにまとめて作成し活用する場合の参考様式が示された。

　令和に入り，確保法を踏まえてこれまでの諸通知を見直し，不登校児童生徒への支援の在り方について，整理・統合がなされた「不登校児童生徒への支援の在り方について（通知）」（令和元年10月25日付け元文科初第698号）が発出された[*1]。本通知では，「不登校児童生徒への支援は，『学校に登校する』という結果のみを目標にするのではなく，児童生徒が自らの進路を主体的に捉えて，社会的に自立することを目指す必要」があること，「学校等の取組の充実」，「不登校児童生徒の一人一人の状況に応じて，教育支援センター，不登校特例校，フリースクールなどの民間施設，ICTを活用した学習支援など，多様な教育機会を確保する必要があること。また，夜間中学において，本人の希望を尊重した上での受入れも可能であること」等が示されている。

確保法の制定以降，不登校児童生徒の社会的自立に向けた支援が行われてもなお，不登校児童生徒数が増加し続けたことを受けて，文部科学省は，「誰一人取り残されない学びの保障に向けた不登校対策（COCOLO プラン）」を取りまとめた。プランでは，不登校対応の目指す姿として，①不登校の児童生徒全ての学びの場を確保し，学びたいと思った時に学べる環境を整える，②心の小さなSOS を見逃さず，「チーム学校」で支援する，③学校の風土の「見える化」を通して，学校を「みんなが安心して学べる」場所にすることが示されている（文部科学省「誰一人取り残されない学びの保障に向けた不登校対策について（通知）」令和5年3月31日付け4文科初第2817号）。

第2節　不登校の現状

文部科学省による「児童生徒の問題行動・不登校等生徒指導上の諸課題に関する調査」によれば，不登校児童生徒数は，2001（平成13）年度は，小学校2万6,511人，中学校11万2,211人，合計13万8,722人であった。当時，この人数は調査開始以来，過去最高と言われる人数であった。しかし，2022（令和4）年度調査を見ると，小学校10万5,112人，中学校19万3,936人，合計29万9,048人になっている（**図9－1**）。

この数は，全児童生徒数に対して，小学校では59人に1人が，中学校では17人に1人が不登校に該当する。小学校，中学校ともに学年が上がるにつれて不登校児童生徒数は増加傾向にあるが，小学校から中学校への進学段階での増加，中学校第2学年と第3学年で同程度の人数になっている状況が窺える（**図9－2**）。また，同調査からは，不登校児童生徒の61.8%に当たる18万4,831人の児童生徒が学校内外の機関等で相談・指導等を受けていることが明らかになっている[*2]。

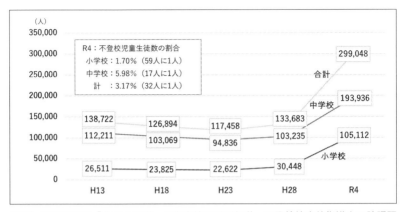

出典）文部科学省「令和４年度　児童生徒の問題行動・不登校等生徒指導上の諸課題に関する調査結果について」を基に作成

図9‒1　不登校児童生徒数の推移（国公私立）

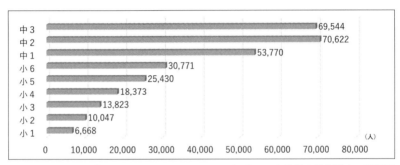

出典）文部科学省「令和４年度　児童生徒の問題行動・不登校等生徒指導上の諸課題に関する調査結果について」を基に作成

図9‒2　学年別不登校児童生徒数（国公私立）

　高等学校においては，2004（平成16）年度より不登校の調査が行われている。2022（令和４）年度の調査結果では，不登校生徒数は全国で６万575人であり49人に１人が不登校に該当する。この結果からは，小学校，中学校と同様に不登校生徒数は増加傾向にあることが窺える（**図9‒3**）。

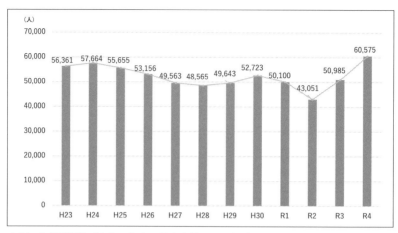

（人）

出典）文部科学省「令和４年度　児童生徒の問題行動・不登校等生徒指導上の諸課題
に関する調査結果について」を基に作成

図９‐３　高等学校における不登校生徒数の推移（国公私立）

第３節　不登校の要因と対応

　『生徒指導提要』によれば，「不登校の要因は『無気力・不安』，『生活リズムの乱れ，あそび，非行』，『いじめを除く友人関係をめぐる問題』，『親子の関わり方』，『学業不振』，『教職員との関係をめぐる問題』と多岐にわたって」いるとされている。さらに「一見したところではあそび・非行型の不登校に見えても」，「背景に親子関係の葛藤や学力の課題等が浮かび上がってくるようなケースも少なく」ないとする。不登校児童生徒への支援には，不登校の背景にある要因を多面的かつ的確に把握し，早期に適切な支援につなげるアセスメントの視点を持つことが大切である（**図９‐４**）。

　また，『生徒指導提要』では「『なぜ行けなくなったのか』と原因のみを追求したり，『どうしたら行けるか』という方法のみにこだわったりするのではなく，どのような学校であれば行けるのかという支援ニーズや，本人としてはどうありたいのかという主体的意思

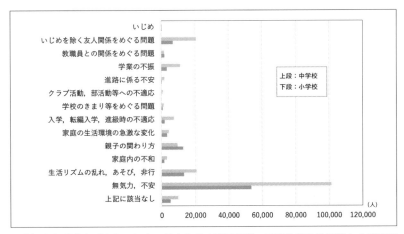

出典）文部科学省「令和4年度　児童生徒の問題行動・不登校等生徒指導上の諸課題に関する調査結果について」を基に作成

図9−4　小・中学校における不登校の要因（国公私立）

（希望や願い），本人が持っている強み（リソース）や興味・関心も含め，不登校児童生徒の気持ちを理解し，思いに寄り添いつつ，アセスメントに基づく個に応じた具体的な支援を行うことが重要」だとされている。社会的自立に至る多様な過程を個々の状況に応じて辿ることができるように支援することが大切である。

　では，個々の児童生徒が豊かな人生を目指し，社会的自立が図れるようにするために，学校はどのような取組を行っていけばよいのだろうか。児童生徒にとっても保護者にとっても，学校の中で最も身近な存在は学級・ホームルーム担任である。学級・ホームルーム担任は，日々の学校生活の中で児童生徒の変化を感じ取りやすい存在であり，不登校の兆候を捉える点でも同様のことが言える。ただし，児童生徒の変化を感じたり兆候を捉えたりできたとしても，学級・ホームルーム担任だけで対応し，解決を図ることは困難な場合が少なくない。学級・ホームルーム担任が一人で抱え込んでしまったことによる対応の遅れや，学級・ホームルーム担任自身の精神的

なケアなどを踏まえ，教員等が情報を共有し多面的・多角的に児童生徒を理解し，「チーム学校」としての組織的な取組を行うことが重要である。

　不登校児童生徒への対応を考えた場合，学校には，管理職のリーダーシップを中心に，学年担当，生徒指導主事，教育相談コーディネーター，特別支援教育コーディネーター，スクールカウンセラー（SC），スクールソーシャルワーカー（SSW）などの担当者が共通理解・共通行動を図れる組織の構築が求められる。また，教育支援センター，医療機関，児童相談所，警察，民生委員，児童委員など，多くの外部機関と連携できる体制の構築が求められる。これらを学校が意図的・計画的に推進していくためには，『生徒指導提要』の「不登校に関する生徒指導の重層的支援構造」に示された体制を構築し対応していくことが大切である（図9－5）。

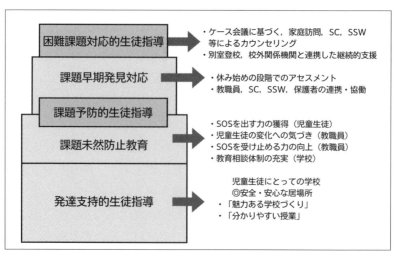

出典）文部科学省『生徒指導提要（改訂版）』における「図18　不登校対応の重層的支援構造」（229頁）を基に作成

図9－5　不登校対応の重層的支援構造

第4節　重層的支援構造から考える不登校支援

1．発達支持的生徒指導の推進

　不登校が生じないようにするためには，全ての児童生徒にとって魅力ある学校づくり・学級づくりを推進していくことが重要となる。児童生徒にとって魅力ある学校・学級の根幹は，「自分が大事にされている，認められている等の存在感が実感でき，かつ精神的な充実感」が得られるような安全・安心な「心の居場所」があることである。「居場所づくり」のためには，「人間関係に悩む児童生徒の相談にのる」，「間違ったり失敗したりしても笑われない学級にする」などの具体的な働きかけを行っていくことが必要である。さらに，働きかけの段階に止まることなく，日々の授業や行事等において活躍できる場面を実現させ，教員や友人との心の結び付きや信頼感の中で主体的な学びを進め，共同の活動を通して社会性を身に付けていくことができる「絆づくり」の場として学校・学級が機能することが重要である[*3]。

　なお，発達支持的生徒指導を推進する中で，「安心して見ていられる」，「あまり目立たない」ような児童生徒への働きかけを意図的に行っていくことが大切である。児童生徒の中には教員や友人と積極的に関われるなど学校に適応状態の者もいれば，学校への批判や不満，人間関係づくり等で不適応状態の者もいる。適応・不適応状態の児童生徒には，教員は日常生活の中で自然と関わりを持っている。それに対して，「授業について落ち着いた取組ができている」，「忘れ物をしない」，「生活態度が良好」のような児童生徒は，教員にとっては安心感があるため，無意識のうちに関わりが希薄になりやすい場合がある。当該児童生徒の中には，教員と積極的に関わりたい気持ちがあってもできない者も少なくない。教員がこのような児童生徒を意識し意図的な働きかけを行うことが，学校・学級の雰

囲気をより充実したものに変えていくことにつながる。

　また，学業の不振が不登校の原因になっている場合があることを踏まえ，児童生徒一人ひとりの学習状況を把握し，GIGA スクール構想による一人一台端末を活用するなど，個別最適な学びの実現に向けた指導の工夫や改善を図っていくことも大切である。

２. 課題予防的生徒指導（「未然防止」と「初期対応」）への取組

　本来，学校は児童生徒が登校し，各教科等の学習とともに学級・ホームルームや学校における集団での生活実践を通して，自治的な能力や社会性を育む場である。不登校という事象に対して学校が取り組むべきことは，全ての児童生徒が学校に来ることを楽しいと実感し，学校を休みたいと思わせないような，日々の学校生活の充実による「不登校の未然防止」である。未然防止の視点からも児童生徒の実態を適切に把握し，授業や行事等の工夫・改善を図っていくことが大切である。また，対人関係の変化，学習の取組状況，進級時・入学時からの変化，休み時間の様子，部活動の様子などの事項について，学級・ホームルーム担任に止まらず学年内で共通理解・共通行動を図ったり，必要に応じて生徒指導部会や教育相談部会に図ったりするなどの取組が大切である。

　また，魅力ある学校づくりを推進しているにも関わらず，児童生徒が休みがちになる場合がある。学校はそのような事態を念頭におき，遅刻・早退しがちな児童生徒や休み始めた児童生徒に個別対応を行うなど，不登校の初期対応に取り組んでいく必要がある[*4]。

　児童生徒が継続的に休み始める前の対応として，『生徒指導提要』には，「日頃から児童生徒の言葉・行動・表情に気を配ると同時に，友人関係や教職員との関係や，学業成績まで，幅広い事項について児童生徒の変化や成長に対するアンテナを高くしておく」必要や「児童生徒の話を受け止める養護教諭や教育相談コーディネーター，SC，SSW 等と学級・ホームルーム担任，教科担当教員等

が連携し，適切に情報を共有すること」が示されている。学校は，
欠席が2～3日続いたり遅刻・早退等が続いたりする児童生徒につ
いて，不登校の予兆ではないかと考えることを視点の一つとして持
ち，取り組んでいくことが大切である。

3．困難課題対応的生徒指導への取組

　休みがちな児童生徒が不登校となった場合，学校は児童生徒の学
校復帰を第一に考えるが，個々の児童生徒の状況を踏まえて学校復
帰のみにこだわらず，当該児童生徒が社会的自立を果たせるよう支
援方法を検討していくことが重要である。

　学校復帰に向けた取組の一つとして，学級に戻ることは困難でも，
授業の配信によりインターネットを介して授業を視聴したり授業に
参加したりできるように，児童生徒が一人一台端末を活用し学習で
きる環境整備の推進が考えられる。この取組は，授業視聴を学級以
外の別教室等で行えることにより，当該児童生徒の登校自体のハー
ドルを低くしたり，授業を受けていないという罪悪感を解消・軽減
したりすることにもつながる。このような取組を児童生徒の実態を
踏まえながら，創意工夫し計画的に実施していくことが肝要である。

　授業視聴等が困難な児童生徒については，学校とのつながりを意
識させたり安心させたりするために，本人や保護者の意向を尊重し
ながら家庭訪問を実施する等の取組が考えられる。

　学校内の支援だけでは困難な場合は，教育センター相談室，教育
支援センター，NPOやフリースクール等の民間施設，児童相談所
など，当該児童生徒に合った関係機関につないでいくことが考えら
れる。これらの取組は，学校が関係機関等に全てを委ねるものでは
なく，関係機関等との連携により当該児童生徒への関わりをより深
めるために行うものであることを，学校は児童生徒及び保護者と共
通理解を図りながら推進していくことが重要である。

まとめに代えて

　不登校の要因・背景は時代と共に多様化・複雑化している。今後も児童生徒を取り巻く環境は大きく変容していくかもしれない。しかし，環境がどのように変わろうとも「将来，児童生徒が精神的にも経済的にも自立し，豊かな人生を送れるような，社会的自立を果たすことを目指していく」ことは変わらない。今後も児童生徒の状況に応じた具体的な支援策を考え実践していくことが重要である。

〈註〉

＊1　本通知によって，「登校拒否問題への対応について」（平成4年9月24日付け文部省初等中等教育局長通知），「不登校への対応の在り方について」（平成15年5月16日付け文部科学省初等中等教育局長通知），「不登校児童生徒が自宅においてIT等を活用した学習活動を行った場合の指導要録上の出欠の取扱い等について」（平成17年7月6日付け文部科学省初等中等教育局長通知）及び「不登校児童生徒への支援の在り方について」（平成28年9月14日付け文部科学省初等中等教育局長通知）については廃止されている。

＊2　文部科学省「令和4年度児童生徒の問題行動・不登校等生徒指導上の諸課題に関する調査結果の概要」（令和5年10月4日）3頁。

＊3　国立教育政策研究所「生徒指導リーフ『絆づくり』と『居場所づくり』Leaf.2　2版」2015（平成27）年3月を参照。

＊4　国立教育政策研究所「生徒指導リーフ　不登校の予防～発達障害の特性と不登校リスク～Leaf.14S」2020（令和2）年6月を参照。

〈参考文献〉

・坂田仰編著『生徒指導とスクール・コンプライアンス』学事出版（2015年）

・坂田仰・黒川雅子・河内祥子・山田知代『新訂第4版図解・表解　教育法規』教育開発研究所（2021年）

・伊藤美奈子編著『不登校の理解と支援のためのハンドブック』ミネルヴァ書房（2022年）

第10章 学校安全

坂田　仰

はじめに

　子どもが安全，安心に過ごせる環境を整備することは，学校教育の出発点であり，基盤である。『生徒指導提要』は，この点を指して「学校が安全で安心な環境であることは，児童生徒の学力向上や社会性の発達，健やかな成長や体力の増進につながる前提条件」であると指摘している（96頁）。

　しかし，大阪教育大学附属池田小学校外部侵入者児童殺傷事件や東日本大震災大川小学校津波事件等を受け，日本社会においてかつて共有されていた「学校の安全神話」は崩壊したと言っても過言ではない。現在，生徒指導を含む全領域において，学校安全が強調される由縁である。

　この前提の下，本章では，まず学校安全に関わる基本事項について概観する。その後，学校保健安全法を中心に据え，同法によって策定が義務付けられている学校安全計画，危険等発生時対処要領（危機管理マニュアル）等について，学校の安全管理という視点から検討を加える。そして，学校安全の分野で加速する法化現象と，学校現場に大きな影響を与えると考えられる東日本大震災大川小学校津波事件を巡る損害賠償訴訟について，焦点をあてて考えることにしたい。

第1節 学校安全

　学校安全という用語は多義的な意味で用いられており，それを使用する論者によってその様相を異にしている。とりあえず本章では，文部科学省の『学校安全資料「生きる力」をはぐくむ学校での安全教育［改訂2版］』（2019年）に依拠し，安全とは，心身や物品に危害をもたらす様々な危険や災害が防止され，万が一，事件や事故，災害等が発生した場合には，被害を最小限にするために適切に対処された状態と定義することにする。

　以下では，現在，学校現場における学校安全をリードする存在である，国の「第3次学校安全の推進に関する計画」（令和4年3月25日閣議決定）*1（以下，「第3次学校安全推進計画」とする）をベースにまず学校安全の基本事項について整理しておくことにしたい。

　学校安全の中心となるのは，安全教育，安全管理，組織活動の三つの活動である。

　まず，安全教育とは，生活安全，交通安全，災害安全の各領域を通じて，「自ら安全に行動したり，他の人や社会の安全のために貢献したりできるようにすることを目指す」活動である（第3次学校安全推進計画2頁）。

　これに対し，安全管理は，「児童生徒等を取り巻く環境を安全に整えることを目指す」活動を意味する（同計画2頁）。安全管理は，教育活動の全般にわたってその充実が求められることは改めて指摘するまでもない。学校保健安全法施行規則において義務付けられている学校の安全点検（28条1項），過去に発生した事件・事故，ヒヤリハット事例の分析等，取り組むべき課題が多数存在している。

　安全教育，安全管理に関わる活動を円滑に進めるために重要となるのが組織活動である。組織活動は，「安全教育と安全管理を相互

に関連付けるものであるとともに，校内体制の構築のみならず，学校安全に関わる活動の担い手となりうる学校外の多様な主体との連携が求められる」ことに注意を払う必要がある（同計画2頁）。

　ここで学校安全の活動に着目すると，学校安全の活動は，生活安全，交通安全，災害安全の各領域を通じて展開される。

　生活安全とは，学校・家庭など日常生活で起こる事件や事故を取り扱う領域である。誘拐や傷害などの犯罪被害防止も生活安全の中に含まれるが，もっとも注意を要するのは熱中症や擦り傷，骨折などのいわゆる「学校事故」である。独立行政法人日本スポーツ振興センターによれば，年間80万件を超える負傷・疾病が発生しているとされる（令和4年度（2022年度）災害共済給付状況）。

　他方，交通安全は様々な交通場面における危険と安全，事故防止に向けた取り組み等を扱う領域である。「学校においては，幼稚園教育要領，学習指導要領に基づき，生涯にわたる交通安全教育の推進を図る観点から，自他の生命尊重の理念の下に，交通社会の一員としての責任を自覚し，交通安全意識と交通マナーの向上に努め，相手の立場を尊重する良き社会人を育成するため，家庭や地域社会との密接な連携を図りながら，幼児児童生徒の心身の発達段階や地域の実情に応じ，交通安全教育を計画的かつ組織的に行うこと」が求められることになる（文部科学省「令和5年度文部科学省交通安全業務計画」3-4頁）。

　最後に災害安全である。東日本大震災に代表される巨大地震，気候変動等の影響，これらを受けた，豪雨，河川の氾濫，土砂崩れなどの気象災害の激甚化・頻発化等を踏まえ，一度発生すると甚大な被害が生じる自然災害から児童生徒自らが命を守るための対策，安全教育の充実を認識する必要がある。

　なお，第3次学校安全推進計画は，施策の基本的な方向性として以下に示す6点を挙げている。

①学校安全計画・危機管理マニュアルを見直すサイクルを構築し，学校安全の実効性を高める

②地域の多様な主体と密接に連携・協働し，子供の視点を加えた安全対策を推進する

③全ての学校における実践的・実効的な安全教育を推進する

④地域の災害リスクを踏まえた実践的な防災教育・訓練を実施する

⑤事故情報や学校の取組状況などデータを活用し学校安全を「見える化」する

⑥学校安全に関する意識の向上を図る（学校における安全文化の醸成）

出典）文部科学省「第3次学校安全の推進に関する計画（概要）」を基に作成

そして，目指すべき姿として，全ての児童生徒が，自ら適切に判断し，主体的に行動できるよう，安全に関する資質・能力を身に付けること，学校管理下における児童生徒の死亡事故の発生件数について限りなくゼロにすること，学校管理下における児童生徒等の負傷・疾病の発生率について，障害や重度の負傷を伴う事故を中心に減少させることを掲げている。学校現場では，上記の点を意識し，取り組みを進めていくことが求められる。

第2節　学校保健安全法

　学校安全を基礎付ける法律として学校保健安全法がある。学校保健安全法は，従来，学校保健法という名称であった。しかし，学校安全に対する社会的関心の高まりを受けて，2008（平成20）年の改正において，学校安全に関する事項を充実させるとともに，学校保健安全法へとその名称が改められた（2009〈平成21〉年4月施行）。

　学校保健安全法は，「学校における児童生徒等及び職員の健康の

保持増進を図るため，学校における保健管理に関し必要な事項を定めるとともに，学校における教育活動が安全な環境において実施され，児童生徒等の安全の確保が図られるよう，学校における安全管理に関し必要な事項を定め，もつて学校教育の円滑な実施とその成果の確保に資することを目的」としている（1条）。この文言から理解可能なように，同法は，学校保健と学校安全に関わる基本法としての性格を有している。

　以下では，名称変更時に文部科学省から発出された，「学校保健法等の一部を改正する法律の公布について（通知）」（平成20年7月9日付け20文科ス第522号）に依拠しつつ，概説することにする。

1．学校安全に関する学校の設置者の責務

　学校保健安全法は，学校の設置者に対し，児童生徒の安全の確保を図るため，その設置する学校において，事故，加害行為，災害等により児童生徒に生ずる危険を防止し，及び事故等により児童生徒に危険又は危害が現に生じた場合において適切に対処することができるよう，当該学校の施設及び設備並びに管理運営体制の整備充実その他の必要な措置を講ずるよう努めることを求めている（26条）。学校安全に関して学校の設置者が果たすべき役割の重要性を示したものであり，学校安全の根本規定と考えてよいだろう。

　ここでいう「設置する学校において」とは，校舎，運動場などの学校の敷地内，実習施設など敷地外であっても学校の設置者の管理責任の対象となる活動が行われる場所を含む概念である。

　また，「加害行為」とは，他者の故意により，児童生徒に危害を生じさせる行為を指す概念である。学校に侵入した者による危害行為がその典型であるが，いじめや暴力行為など，児童生徒間の行為により生じた傷害なども含まれる点を見落としてはならないだろう。

　他方，「災害」については，地震，風水害，火災などが一般的に

想定される。しかし，学校の立地条件によっては，これら一般的な災害のほか，津波や原子力災害，火山活動に伴う災害などについても視野に入れる必要がある。

　なお，「施設及び設備並びに管理運営体制の整備充実」としては，防犯カメラの設置や警備員の配置といった人的体制の整備，教職員の注意喚起や啓蒙，資質の向上などを目的とする研修体制の構築が想定されている。

２．学校安全計画の策定

　学校は，児童生徒の安全の確保を図るため，学校の施設及び設備の安全点検，児童生徒に対する通学を含めた学校生活その他の日常生活における安全に関する指導，教職員の研修その他学校における安全に関する事項について計画を策定し，これを実施しなければならない（27条）。一般に，学校安全計画，学校安全推進計画などと称される計画である。

　学校安全計画は，学校において必要とされる安全に関する具体的な実施計画であり，毎年度，学校の状況や前年度の学校安全の取組状況等を踏まえ，作成されるべきものである。生活安全，交通安全，災害安全に的確に対応するため，学校の施設設備の安全点検，児童生徒等に対する通学を含めた学校生活その他の日常生活における安全指導，教職員に対する研修に関する事項について，記載することが求められる。

　なお，文部科学省「学校安全の推進に関する計画に係る取組状況調査〔令和３年度実績〕」によれば，学校安全計画の策定率は，高等学校でやや低いものの，小中学校ではほぼ100％に近い水準に達している（図10－1）。しかし，幼稚園では93.6％となっており，学校安全計画が学校安全の基礎となる重要な計画であることを考慮すると課題が存在することになる。

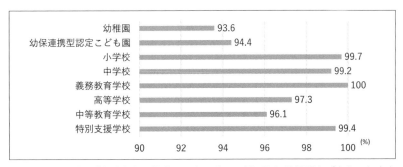

出典）文部科学省「学校安全の推進に関する計画に係る取組状況調査〔令和３年度実績〕」を基に作成

図10－1　学校安全計画の策定率

３．学校環境の安全の確保

　校長は，学校の施設又は設備について，児童生徒の安全の確保を図る上で支障となる事項があると認めた場合には，遅滞なく，その改善を図るために必要な措置を講じる必要がある。また，この措置を講ずることができないときは，学校の設置者に対し，その旨を申し出ることが求められている（28条）。

　先に触れたように，学校は，学校安全計画に基づき，定期的に施設設備の安全点検を実施する必要がある。その中で子どもの安全確保に支障が生じる可能性のある箇所が見つかった場合，補修や部品の交換，改良工事など，支障を解消する措置を講じる義務が「校長」に課されている。この義務は「遅滞なく」，すなわち合理的な理由が存在しない限りできるだけ早く履行する必要がある。なお，予算確保に問題があるなど，校長が自ら措置を講じることが出来ない場合には，学校の設置者に申し出，設置者がこれを受けて支障を解消するという流れが想定されていることに注意を払う必要があろう。

４．危険等発生時対処要領の作成

　学校は，児童生徒の安全の確保を図るため，学校の実情に応じて，

危険等発生時において当該学校の教職員がとるべき措置の具体的内容及び手順を定めた対処要領を作成する必要がある（29条1項）。一般に，危険等発生時対処要領，安全マニュアル，危機管理マニュアルなどと呼ばれるマニュアルの作成義務である。

　危険等発生時対処要領は，危険等が発生した際に教職員が円滑かつ的確な対応を図るために作成するものである。作成に当たっては，「学校の実情」を考慮することが求められている。学校の実情は，刻一刻と変化するのが常であることから，PDCAサイクル*2を意識した定期的な見直しを行っていく必要がある。

　なお，校長は，策定した危険等発生時対処要領について，教職員に周知し，訓練を実施するなど実際に危険等が発生した場合に教職員が適切に対処するために必要な措置を講ずる義務を負う（29条2項）。東日本大震災の際に生じた津波事故では，日和幼稚園スクールバス事故被害訴訟（仙台地方裁判所判決平成25年9月17日）などにおいて，危険等発生時対処要領の周知やこれに基づく対応の在り方が争点になっている。この教訓を活かし，学校の実情を考慮し，実際の場面で機能する危険等発生時対処要領の作成やその周知，研修，訓練などの充実を心掛けていくことが重要となろう。

第3節　危険等発生時対処要領と大川小学校津波被害損害賠償訴訟

　文部科学省の「学校安全の推進に関する計画に係る取組状況調査〔令和3年度実績〕」によれば，危険等発生時対処要領の策定率は，学校安全計画と同様，小中学校ではほぼ100％に達している（図10-2）。しかし，東日本大震災を契機として，司法は危険等発生時対処要領の策定に当たって，学校に対し，高度の注意義務を課すようになっている。その典型が，大川小学校津波被害損害賠償訴訟である。

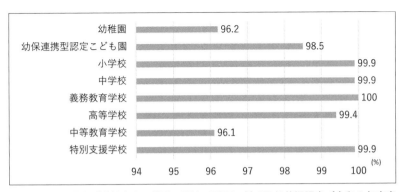

出典）文部科学省「学校安全の推進に関する計画に係る取組状況調査〔令和３年度実績〕」を基に作成

図10‐2　危険等発生時対処要領の策定率

　東日本大震災の際，石巻市立大川小学校において74名の児童と10名の教職員の生命が失われたことは，学校現場，教職員にとって忘れることのできない大きな事故である[*3]。この事故を巡って，死亡した児童74名のうち23名の保護者が，教員等に児童の死亡に関する過失が存在したなどと主張し，石巻市と宮城県を被告として損害賠償金を求める訴訟を提起している。

　この訴訟において主たる争点となったのは，地震発生前の組織的過失（争点①）と，地震発生後の避難誘導に関わる教職員の過失（争点②）の二点である。争点①が，危険等発生時対処要領の策定に関わるものであり，津波の到来可能性を考慮し，安全な三次避難場所を予め確定しておくこと等，避難体制を構築することが可能であったかが争われた。これに対し，争点②では，地震発生後，避難を開始するまでに要した時間，避難誘導指示の遅れに対する評価（争点②‐Ⅰ），そして当日，学校が三次避難場所として選択した場所の妥当性（争点②‐Ⅱ）の二点が問題となった。本章では，主として，危険等発生時対処要領の策定に関わる争点①について検討しておく。

一審判決（仙台地方裁判所判決平成28年10月26日）は，争点①に関し，大川小学校が石巻市が作成したハザードマップにおいて浸水想定区域とされていなかったこと，逆に小学校が地域の避難所に指定されていたこと等を理由に，これに依拠した危険等発生時対処要領の策定について学校側の過失の存在を否定している。

　問題は控訴審判決（仙台高等裁判所判決平成30年4月26日）である。控訴審判決は，校長等は，過去のデータに基づく想定地震により発生する津波が大川小学校に到来することを予見することができ，危険等発生時対処要領の内容を，在籍児童が想定される地震により発生する津波の危険から回避できるような内容に改訂すべき作為義務を負っていたとし，ハザードマップに依拠した学校側の行動を否定したのである。

　石巻市が策定したハザードマップ中，洪水・土砂災害ハザードマップには想定される浸水があった場合，大川小学校は避難場所として使用不可能であることが記されていた。にもかかわらず，津波ハザードマップでは避難場所として使用可能と記載されていた。この矛盾は，ハザードマップを作成した石巻市のミスによるものである。にもかかわらず，控訴審判決はこの矛盾の発見と解消を危険等発生時対処要領を策定する学校に課した恰好である。

　控訴審判決は，災害発生時における避難誘導において，児童生徒は教職員の指示に従わなければならず，児童生徒の行動を拘束するものである以上，教職員は，児童生徒の安全を確保するために，学校の設置者（石巻市）から提供される情報などについても，独自の立場からこれを批判的に検討することが要請される場合もあるとする。そして，ハザードマップは，児童生徒の安全に直接かかわるものであるから，独自の立場からその信頼性等について検討することが要請されていたとした。

　しかし，ハザードマップを教職員が独自の立場からこれを批判的

に検討することは現実問題として可能なのだろうか。

　ハザードマップは，その分野の知見を有する市の専門家が作成したものである。これに対し，教職員，特に教員の専門領域は，子どもの教育に関わる事柄であり，土木や環境などハザードマップの作成や解析に関わる専門性は有していない。にもかかわらず，専門部署が策定した資料を疑い，独自の立場からその信頼性などについて検討するよう求めることは，教員に不可能を強いるのではないか。

　子どもの安全を守るために最大限の努力を行うことは，職業上の倫理的義務としては当然である。しかし，それを法的義務にまで高めた控訴審判決の論理とどう向き合うべきか。学校安全の在り方を巡って，学校現場が直面する大きな課題と言えるだろう。

まとめに代えて─学校安全の法化現象

　ともあれ，近年，学校安全に関わって，事故の発生を防止できなかった学校設置者，教職員の責任が法的に追及される場面が増加している。最後に，学校安全に関わって，今後，学校現場がより意識しなければならない点として，法化現象の進展，特に損害賠償請求を中心とする訴訟リスクの増大について指摘し，まとめに代えることにしたい。

　学校教育の法化現象とは，学校教育に対する法的統制が進行し，学校，教員との関係を，"愛"や"情熱"といった情緒的なものではなく，"権利"や"義務"という法的関係として捉えようとする保護者や住民が増加する状況を指す。そして，法化現象には，法の越境と訴訟リスクの増大という二つの側面が存在すると言われている。

　まず法の越境とは，学校教育に対する法的統制の進行である。これまで「専ら学校の慣習や教員の専門性，権威，そして経験等に委ねられてきた部分に成文法が入り込み，それらと置き換わっていく

現象，教育実践に対する"法の越境"と捉えることができる」[*4]。学校保健法を学校保健安全法へと改称し，学校安全に関する規定を創設した近年の動きは，まさに学校安全における学校現場の裁量，教育の専門性に対する法の越境と言えるだろう。

　更に，近年，学校に限らず，社会集団がそれぞれ有していたインフォーマルな安定装置が機能不全に陥っている。学校であれば，担任集団や保護者集団，PTA等によるトラブル解決の機能低下である。その結果，「国家の法規や手続や制裁力によらなければ紛争の解決が困難な傾向」[*5]が加速している。これらの動きは，フォーマルな紛争解決，特に司法的解決を目指す動きの台頭，訴訟リスクの増大をもたらしている。

　学校安全，特に学校事故の領域は，損害賠償請求訴訟を中心に，この動きがもっとも顕著な領域と言っても過言ではない。そして，この動きに呼応するように，学校の安全配慮義務を拡大，強化するかに見える判決が相次いで下されるようになっている。先に触れた大川小学校津波被害損害賠償訴訟のほか，東日本大震災に関わって提起された，日和幼稚園スクールバス津波被害損害賠償訴訟，野蒜小学校津波被害損害賠償訴訟（仙台地方裁判所判決平成28年3月24日）などの訴訟もその延長線上に位置付くものとして理解することが求められる。学校安全に対する法の越境，言い換えるならば学校現場の裁量から定式化への流れ，そしてひとたび事故が起きた際の訴訟リスクは，今後の学校安全を考える上で避けては通れない課題である。

〈註〉
＊1　学校安全推進計画は，国に対し，「各学校における安全に係る取組を総合的かつ効果的に推進するため，学校安全の推進に関する計画の策定その他所要の措置を講ずる」ことを求める，学校保健安全法3条2項に基づ

き策定されている。第3次学校安全推進計画は，2022（令和4）年度か
らの5年間を計画期間としている。

＊2　Plan（計画），Do（実行），Check（評価），Action（改善）の頭文
字を取った，業務や品質の改善に向けた手法をいう。

＊3　生き残ったのは，児童4名と教務主任を務めていた教員1名であった。

＊4　坂田仰「「生徒指導提要」と法化現象―教育裁判増加の中で―」生徒
指導学研究第21号（2022年）29頁。

＊5　六本佳平『法社会学』有斐閣（1986年）250頁。

〈参考文献〉
・文部科学省『学校安全資料「生きる力」をはぐくむ学校での安全教育［改
訂2版］』東京書籍（2019年）
・文部科学省『学校の「危機管理マニュアル」等の評価・見直し　ガイドラ
イン＋学校安全推進のための教職員向け研修・訓練実践事例集』ジアー
ス教育新社（2022年）
・渡邉正樹編著『学校安全と危機管理［三訂版］』大修館書店（2020年）
・坂田仰「大規模災害と学校の危機管理―クライシス・マネジメントを中心
に―」スクール・コンプライアンス研究第5号（2017年）63-72頁

第11章　進路指導・キャリア教育の意義及び理論

坂田　仰

はじめに

　従来，進路指導は，主として中等教育を中心に展開されてきた。しかし，フリーター*¹，派遣社員等の就労形態の多様化，若年の無業者を意味するニート（Not in Education, Employment or Training）の一般化等を受けて，就学前，初等教育の段階から高等教育に至るまで，子どもの成長・発達段階に応じたキャリア教育，言い換えるならば一人ひとりの生涯を見据えたキャリア形成の重要性が指摘されるようになってきた。

　当然のことながら，この動きは，学習指導要領や教員養成にも影響を及ぼしている。小学校から高等学校まで，全ての学習指導要領に"キャリア"という用語が登場し，2019（平成31）年度から動き出した教職課程では，キャリア教育が必須の内容となっていることは周知の事実である。そこで本章では，これら動向を踏まえて，進路指導・キャリア教育の意義と理論について整理していくことにする。

第1節　進路指導とキャリア教育

　価値観の多様化が急速に進行する現代社会においては，児童生徒が自ら，社会的・職業的に自立し，社会における自らの立ち位置を選択し，その役割を果たしつつ，自ら選択した「生き方」を実現するための力を獲得することが求められる。進路指導・キャリア教育

は，この能力を総合的にプロデュースする営みとして位置づけることができる。

　進路指導という用語が登場したのは，1950年代後半のことであった[*2]。当時，進路指導は，「生徒の個人資料，進路情報，啓発的経験および相談を通じて，生徒みずから，将来の進路の選択，計画をし，就職または進学して，さらにその後の生活によりよく適応し，進歩する能力を伸長するように，教師が組織的，継続的に援助する過程」と定義されていた（文部省『進路指導の手引―中学校学級担任編』日本職業指導協会，1961年）。現在の進路指導へと受け継がれている基本的な考え方である。

　他方，キャリア教育は，進路指導と比較して新しい用語である。中央教育審議会が，1999（平成11）年に公にした答申，「初等中等教育と高等教育との接続の改善について」で初めて公式に打ち出された。このとき中央教育審議会は，キャリア教育を学校教育と職業生活の円滑な接続を図るため，「望ましい職業観・勤労観及び職業に関する知識や技能を身に付けさせるとともに，自己の個性を理解し，主体的に進路を選択する能力・態度を育てる教育」と定義し，「発達段階に応じて実施する必要がある」とした。

　この答申を契機とし，キャリア教育という用語が一般化していく。そして，2004（平成16）年の文部科学省「キャリア教育の推進に関する総合的調査研究協力者会議報告書～児童生徒一人一人の勤労観，職業観を育てるために～」，2007（平成19）年の内閣府キャリア教育等推進会議「キャリア教育等推進プラン―自分でつかもう自分の人生―」等を経て，後述する2011（平成23）年の中央教育審議会答申「今後の学校におけるキャリア教育・職業教育の在り方について（答申）」へと結実することになる。

　では，進路指導とキャリア教育はどのような関係に立つのだろうか。これまでの説明から明らかなように，両者はコインの表裏の関

係のように類似した概念である。その差異は，特定の学校種に限定した教育活動か，それとも学校種や学校教育法1条校[3]か否かを問うことなく全ての段階で行われる教育活動か，という点に存在する。

　周知のように，進路指導は，学習指導要領上，中学校，高等学校に位置づけられている（義務教育学校の後期課程，中等教育学校，特別支援学校の中学部，高等部を含む）。これに対し，キャリア教育は，就学前の段階から高等教育に至るまで，計画的かつ段階的に継続して行われることが想定されている。また，学校教育に限定されることなく，若者の就労支援に関わる全ての施設で展開される活動を含むものと言えるだろう。したがって，キャリア教育は，進路指導を含むより広範な概念としてとらえることができる。

　なお，キャリア教育の概念は，2006（平成18）年の教育基本法の改正にあたり，"教育の目標" の中に位置づけられた。「個人の価値を尊重して，その能力を伸ばし，創造性を培い，自主及び自律の精神を養うとともに，職業及び生活との関連を重視し，勤労を重んずる態度を養う」とする2条2号である。

　その後，この規定は学校教育法にも反映されていく。すなわち，義務教育の目標について規定する学校教育法21条中の「職業についての基礎的な知識と技能，勤労を重んずる態度及び個性に応じて将来の進路を選択する能力を養うこと」（10号）とする規定である[4]。また，高等学校にあっては，「社会において果たさなければならない使命の自覚に基づき，個性に応じて将来の進路を決定させ，一般的な教養を高め，専門的な知識，技術及び技能を習得させること」とする規定が設けられている（51条2号）。これら規定がキャリア教育に関する総則的規定としての役割を果たしているが，進路指導という限定的な枠組みを超えた展開が期待されていることが分かるだろう。

第2節　今後の学校における
キャリア教育・職業教育の在り方について

　現在，キャリア教育の推進にあたって，そのベースとなっているのは，中央教育審議会「今後の学校におけるキャリア教育・職業教育の在り方について（答申）」（2011〈平成23〉年）である。

　答申によれば，キャリアは，年齢とともに自然に獲得されるものではない。発達段階や発達課題の達成と密接に関わりつつ段階を追って発達するという考え方に立ち，そのためには組織的・体系的な働きかけが不可欠としている。答申は，キャリア教育を「一人一人の社会的・職業的自立に向け，必要な基盤となる能力や態度を育てることを通して，キャリア発達を促す教育」と定義する。そしてこの教育は，特定の活動，指導方法に限定すべきではなく，多様な教育活動を通して実践されるべきとしている。

　なお，答申は，キャリア教育の意義と効果として，以下の3点を示している。まず，キャリア教育は，一人ひとりのキャリアの発達，自立を促す視点に立ち，学校教育を構成していくための理念と方向性を示すものと位置づけられる。次いでキャリア教育は，社会人，職業人として自立するために発達させるべき能力や態度があるという前提に立ち，学校が取り組むべき発達課題を明らかにし，教育活動を通して達成させることを目指すものとされる。そして第三に，キャリア教育を展開し，学校生活と社会生活や職業生活を架橋し，関連づけ，将来の夢と学業を結びつけることにより，学習意欲を喚起することの重要性である。

　そのためには，キャリア教育を体系的に推進することが不可欠となる。答申によれば，初等中等教育段階では，キャリア教育に関し，全体計画やこれをより具体化した年間指導計画を作成している学校が少ないという指摘があるとされる。子どもの成長発達の段階，地

域や学校の実態等を踏まえつつ，キャリア教育の全体計画や年間指導計画を作成することが不可欠と言える。その際，学校が，家庭，地域・社会，企業，経済団体・職能団体等の関係機関，NPO等と密接に連携することが重要となろう。

第3節　教育課程における　進路指導・キャリア教育の位置づけ

　では，教育基本法，学校教育法の下，学習指導要領は，進路指導・キャリア教育をどのように位置づけているのであろうか。

1．小学校

　平成29年版小学校学習指導要領は，「児童が，学ぶことと自己の将来とのつながりを見通しながら，社会的・職業的自立に向けて必要な基盤となる資質・能力を身に付けていくことができるよう，特別活動を要としつつ各教科等の特質に応じて，キャリア教育の充実を図ること」（下線部は筆者付加）と記している。小学校段階においては，「特別活動」がその中核を担うことが期待されていることが分かる。

　特別活動では，「一人一人のキャリア形成と自己実現」を図ることが柱となる。具体的には，①現在や将来に希望や目標をもって生きる意欲や態度の形成，②社会参画意識の醸成や働くことの意義の理解，③主体的な学習態度の形成と学校図書館等の活用が掲げられている。

　①については，「学級や学校での生活づくりに主体的に関わり，自己を生かそうとするとともに，希望や目標をもち，その実現に向けて日常の生活をよりよくしようとすること」が，②に関わっては「清掃などの当番活動や係活動等の自己の役割を自覚して協働することの意義を理解し，社会の一員として役割を果たすために必要となることについて主体的に考えて行動すること」が，③については

「学ぶことの意義や現在及び将来の学習と自己実現とのつながりを考えたり，自主的に学習する場としての学校図書館等を活用したりしながら，学習の見通しを立て，振り返ること」が求められる。

2．中学校

　平成29年版中学校学習指導要領においても，小学校と同様，「特別活動を要としつつ各教科等の特質に応じて，キャリア教育の充実を図ること」とされている。ただ，これに続けて，「生徒が自らの生き方を考え主体的に進路を選択することができるよう，学校の教育活動全体を通じ，組織的かつ計画的な進路指導を行うこと」が求められている。

　特別活動の一環として，「一人一人のキャリア形成と自己実現」を目指すという点は小学校と同様である。具体的には，学級活動を通じて，①社会生活，職業生活との接続を踏まえた主体的な学習態度の形成と学校図書館等の活用，②社会参画意識の醸成や勤労観・職業観の形成，③主体的な進路の選択と将来設計を図ること，学校行事中の勤労生産・奉仕的行事を通じて，「勤労の尊さや生産の喜びを体得し，職場体験活動などの勤労観・職業観に関わる啓発的な体験が得られるようにする」ことがその内容となる。

　また，教科と関わって，技術・家庭の中に「生徒のキャリア発達を踏まえて学習内容と将来の職業の選択や生き方との関わりについても扱うこと」とする記述が存在することにも注意を払う必要があろう。

3．高等学校

　平成30年版高等学校学習指導要領には，義務教育段階と比較し，進路指導・キャリア教育に関わる記述が多数存在している。特別活動だけではなく，「自分自身が，自主的によりよい公共的な空間を作り出していこうとする自立した主体になることが，自らのキャリア形成とともによりよい社会の形成に結び付くことについて理解す

ること」を目指すとする，「公共」等，科目の中にも言及が見られるのが特徴といえる。

　まず，教育課程の編成に当たって，「生徒の特性，進路等に応じた適切な各教科・科目の履修ができるようにし，このため，多様な各教科・科目を設け生徒が自由に選択履修することのできるよう配慮する」ことが求められる[*5]。また，キャリア教育，職業教育を推進するため，「生徒の特性や進路，学校や地域の実態等を考慮し，地域や産業界等との連携を図り，産業現場等における長期間の実習を取り入れるなどの就業体験活動の機会を積極的に設けるとともに，地域や産業界等の人々の協力を積極的に得るよう配慮するものとする」とされている。

　なお，教育課程の編成に当たっては，「大学や専門学校等における教育や社会的・職業的自立，生涯にわたる学習のために，高等学校卒業以降の教育や職業との円滑な接続が図られるよう，関連する教育機関や企業等との連携により，卒業後の進路に求められる資質・能力を着実に育成することができるよう工夫すること」に留意する必要がある。

　次に生徒の発達の支援に関わって，「生徒が，学ぶことと自己の将来とのつながりを見通しながら，社会的・職業的自立に向けて必要な基盤となる資質・能力を身に付けていくことができるよう，特別活動を要としつつ各教科・科目等の特質に応じて，キャリア教育の充実を図ること」が重要となる。その際，「生徒が自己の在り方生き方を考え主体的に進路を選択することができるよう，学校の教育活動全体を通じ，組織的かつ計画的な進路指導を行うこと」が求められている点に注意することが求められる。

4．特別支援学校

　最後に平成29年版特別支援学校小学部・中学部学習指導要領では，児童又は生徒の調和的な発達の支援と関わって，「児童又は生

徒が，学ぶことと自己の将来とのつながりを見通しながら，社会的・職業的自立に向けて必要な基盤となる資質・能力を身に付けていくことができるよう，特別活動を要としつつ各教科等の特質に応じて，キャリア教育の充実を図ること」が求められている。また，中学部では，「生徒が自らの生き方を考え主体的に進路を選択することができるよう，学校の教育活動全体を通じ，組織的かつ計画的な進路指導を行うこと」に目を向ける必要がある。

　教科では，職業・家庭の項目に，進路指導・キャリア教育に関わる記述が見られる。指導計画の作成に当たっての配慮事項の一つとして，「生徒一人一人のキャリア発達を促していくことを踏まえ，発達の段階に応じて望ましい勤労観や職業観を身に付け，自らの生き方を考えて進路を主体的に選択することができるよう，将来の生き方等についても扱うなど，組織的かつ計画的に指導を行うこと」を求める記述である。

5．キャリア教育の手引き

　なお，キャリア教育の実践にあたっては，文部科学省の「小学校キャリア教育の手引き—小学校学習指導要領（平成29年告示）準拠—」（令和4年3月），「中学校・高等学校キャリア教育の手引き—中学校・高等学校学習指導要領（平成29年・30年告示）準拠—」（令和5年3月）が参考になる。キャリア教育推進のために必要となる，校内組織の整備，全体計画の作成，年間計画の作成，学校，家庭，地域の連携・協働，キャリア教育の評価等について，学校種に応じてポイントや注意点が記されている。

　中学校の校内組織の整備を例にとると，まず校長のリーダーシップの重要性が指摘されている。特に，校長のリーダーシップの下，校長がキャリア教育の「教育的意義や教育課程における位置付けなどについての考えを全教職員に示」すことが，キャリア教育の出発点であると同時に，その成否を分ける上で重要と言えるだろう。

第4節　キャリア教育の外縁

　本章では，キャリア教育を進路指導を含む概念として定置し，中央教育審議会答申，学習指導要領等に依拠しつつ概観してきた。しかし，その内容はあくまでも「現点」に止まるものに過ぎない。キャリア教育それ自体が未だ発展途上の概念であり，その外縁を確定することができないからである。

　冒頭で指摘したように，キャリア教育の必要性が叫ばれ出した背景には，フリーターやニート，派遣社員・契約社員の増加等といった課題が存在していた。その意味において，キャリア教育は，これら要素をネガティブに評価した上で成立したものと言って過言ではないだろう。

　だが，時間の経過とともに社会の価値尺度は変化していく。フリーターや，派遣社員・契約社員等の就労形態の変化，多様化に対する判断もまた同様であり，ネガティブな評価から，ポジティブな評価へと遷移していく可能性が存在している。

　この点，第二次安倍内閣（当時）が進めた成長戦略は，評価の転換を意味すると言えなくもない。周知のように，安倍内閣（当時）は，「柔軟で多様な働き方ができる社会」を成長戦略の一つとして掲げていた（「日本再興戦略—JAPAN is BACK」平成25年6月14日閣議決定）。その一環として，「個人が，それぞれのライフスタイルや希望に応じて，社会での活躍の場を見出せるよう，柔軟で多様な働き方が可能となる制度見直し等を進める」とし，労働者派遣制度の見直しや多様な正社員モデルの構築が打ち出された。

　ここでいう労働者派遣制度の見直しや多様な正社員モデルは，フリーターや，派遣社員・契約社員等の就労形態の多様化，あるいはその増加と排他的関係に立つものとは言い難い。ネガティブな評価からポジティブな評価への転換とまでは言えないにしても，「消極

的受容」と位置づけることは不可能ではないだろう。そう考えると，キャリア教育の外縁はますます不透明感を増していくことになる。

〈註〉
＊1　従来，日本社会においては，正社員・正職員という就労形態が一般的であった。それが急速に後退し，代わってアルバイト，派遣社員等，非正規雇用の労働者の比率が上昇していった。労働省（当時）の調査によれば，「初等中等教育と高等教育との接続の改善について（答申）」が出される直前の1997（平成9）年には，いわゆるフリーターがおよそ151万人（15〜34歳）にも達し，1982（昭和57）年と比較して約3倍にも増加している（労働省「平成12年版　労働白書」）。

＊2　それまでは，専ら「職業指導」という用語が使用されていた。

＊3　学校教育法1条が規定する学校のことである。すなわち，幼稚園，小学校，中学校，義務教育学校，高等学校，中等教育学校，特別支援学校，大学及び高等専門学校を指す。

＊4　また，同条4号には「家族と家庭の役割，生活に必要な衣，食，住，情報，産業その他の事項について基礎的な理解と技能を養うこと」とする規定が置かれている。

＊5　なお，「学校設定教科に関する科目として『産業社会と人間』を設けることができる」とする記述も存在する。「産業社会と人間」では，「社会生活や職業生活に必要な基本的な能力や態度及び望ましい勤労観，職業観の育成」に配慮することが求められている。

〈参考文献〉
・藤田晃之『キャリア教育基礎論―正しい理解と実践のために―』実業之日本社（2014年）
・長田徹・清川卓二・翁長有希『新時代のキャリア教育』東京書籍（2017年）
・文部科学省国立教育政策研究所生徒指導・進路指導研究センター編『変わる！キャリア教育：小・中・高等学校までの一貫した推進のために』ミネルヴァ書房（2016年）

第12章 進路指導・キャリア教育とカリキュラム・マネジメント,ガイダンス機能

山田　知代

● はじめに

　進路指導・キャリア教育は，全ての児童生徒を対象に，学校教育全体で取り組む教育活動である。学校教育全体で取り組むにあたっては，教科横断，学年縦断の視点が不可欠であり，キャリア教育で育てたい能力を明確にし，各教科や領域等，各学年で行われる活動をキャリア教育の視点からつないで，全体計画及び年間指導計画を作成することが必要となる。これはカリキュラム・マネジメントの第一歩となる。

　本章では，まず，進路指導・キャリア教育が全ての児童生徒を対象に行われるものであることを確認した上で（第1節），キャリア教育の視点からカリキュラム・マネジメントの意義と手順を概観する（第2節）。そして最後に，主に全体指導を行うガイダンスの機能を生かした進路指導・キャリア教育の意義や指導法を述べていくことにしたい（第3節）。

第1節　全ての児童生徒を対象とした 進路指導・キャリア教育

1．キャリア教育の定義と意義・効果

　2011（平成23）年の中央教育審議会答申「今後の学校におけるキャリア教育・職業教育の在り方について」は，キャリア教育を「一人一人の社会的・職業的自立に向け，必要な基盤となる能力や

態度を育てることを通して，キャリア発達を促す教育」と定義している。このようなキャリア教育の意義・効果について，同答申は，キャリア教育を全ての教育活動を通して実践されるべきものと位置付けた上で，児童生徒にとっては学習意欲を喚起するものであり，学校にとっては教育課程の改善につながるものであるとしている点が特徴的である[*1]。

　一人ひとりの社会的・職業的自立に向け，全ての教育活動を通して実践するということは，キャリア教育が一部の児童生徒を対象としたものではなく，全ての児童生徒を対象として行われることを意味すると捉えることができる。キャリア教育というと，中学校・高等学校の進路指導をイメージすることも多いと思われるが，小学校から発達段階に応じて行われるものである点に留意する必要がある。

2. ライフキャリアという視点

　キャリア教育が提唱された当初，小学校現場からは「小学校でのキャリア教育は時期尚早である」，高等学校現場からは「うちは普通科だからキャリア教育に取り組む必要性は低い」といった声が上がったという[*2]。たしかに，キャリア教育を「仕事」や「職業」といった側面のみから捉えると，小学校のうちに行えることは限られてしまう。また，中学校や高等学校においても，上級学校への進学を希望する生徒が多いところでは，キャリア教育と言いつつも進学指導に重点が置かれがちになることが考えられる。

　こうした問題に対峙し，学校段階にかかわらず全ての児童生徒を対象としたキャリア教育を推進するためには，「ライフキャリア」という視点でキャリア教育を捉える考え方がポイントとなる。ライフキャリアとは，「キャリア」を一生涯という時間軸でとらえ，人生をワークキャリア（仕事）だけでなく家庭や地域での生活などを含めた役割の組み合わせとして捉える考え方で，ドナルド・E・スーパーが提唱したものである（詳細は第13章を参照）。

キャリアをワークキャリアに限定させず，ライフキャリアを含めたものとして捉えると，小学校段階から取り組めることも多数見出すことができ，中学校・高等学校でも，生徒の進路にかかわらずキャリア教育を実践する必要性が理解できるだろう。

例えば，高等学校段階の教材として，文部科学省は内閣府と厚生労働省との連携により，高校生が進路選択にあたって就職のみならず結婚，出産，育児などのライフイベントを踏まえて総合的に考えることができるよう，キャリア形成支援教材「高校生のライフプランニング」（2018年）を作成しホームページで公開している[*3]。同ホームページには，「男女が共に仕事と家庭，地域における活動に参画し，活躍できるような社会の実現を目指し，高校生が生涯を見通して，主体的に生涯の生活を設計したり，社会の中で自分の役割を果たしながら，自分らしい生き方を実現したりすることができるよう」同教材を授業等で活用してほしい旨が記載されており，ライフキャリアの考え方が反映された教材となっている。

第2節　キャリア教育の視点から考える カリキュラム・マネジメント

続いて本節では，平成29年版小中学校学習指導要領，平成30年版高等学校学習指導要領のキーワードの一つであるカリキュラム・マネジメントについて，キャリア教育の視点から概観する。

1．カリキュラム・マネジメント

平成29年版小学校学習指導要領の総則には，カリキュラム・マネジメントについて以下の記述がある（下線は筆者加筆）。

第1　小学校教育の基本と教育課程の役割
4　各学校においては，児童や学校，地域の実態を適切に把握し，教育の目的や目標の実現に必要な教育の内容等を教科等横断的な視

点で組み立てていくこと，教育課程の実施状況を評価してその改善
を図っていくこと，教育課程の実施に必要な人的又は物的な体制を
確保するとともにその改善を図っていくことなどを通して，教育課
程に基づき組織的かつ計画的に各学校の教育活動の質の向上を図っ
ていくこと（以下「カリキュラム・マネジメント」という。）に努
めるものとする。

　カリキュラム・マネジメントのねらい（目的）は，児童生徒や学
校，地域の実態を適切に把握し，教育課程に基づき組織的かつ計画
的に各学校の教育活動の質の向上を図ることであり，上記３箇所の
下線部は，「ねらい（目的）」に迫る「手段」とされる*4。
　では，カリキュラム・マネジメントはどのように進めていけばよ
いのだろうか。平成29年版小中学校学習指導要領解説総則編には，
その手順の一例として，①教育課程の編成に対する学校の基本方針
を明確にする→②教育課程の編成・実施のための組織と日程を決め
る→③教育課程の編成のための事前の研究や調査をする→④学校の
教育目標など教育課程の編成の基本となる事項を定める→⑤教育課
程を編成する（学校の教育目標の実現を目指して，指導内容を選択
し，組織し，それに必要な授業時数を配当する）→⑥教育課程を評
価し改善する，という流れが記載されている（小学校43-45頁，
中学校44-46頁）。
　各学校の教育課程は，校長のリーダーシップの下，全教職員が協
力して編成していくものであるが，特にキャリア教育は，特定の教
科や領域のみで行われるものではなく，教育活動全体を通じて行わ
れる性質のものであるから，キャリア教育を通して身につけさせた
い力は何かを明確にし，「各教科」「特別の教科である道徳」「総合
的な学習の時間」「特別活動」等で育成している能力や態度をキャ
リア教育の視点で見つめ直し，関連するものを相互につないでいく

というデザイン力が求められる。具体的に，各学校においてキャリア教育を推進していくにあたっては，文部科学省から手順例が示されている（**図12－1**）。カリキュラム・マネジメントの視点でキャリア教育を推進する際の流れと言える。

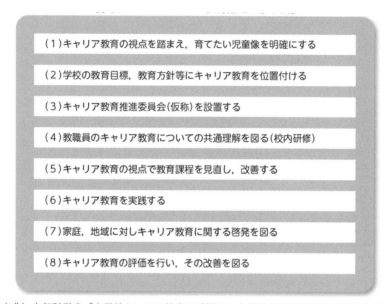

（1）キャリア教育の視点を踏まえ，育てたい児童像を明確にする

（2）学校の教育目標，教育方針等にキャリア教育を位置付ける

（3）キャリア教育推進委員会(仮称)を設置する

（4）教職員のキャリア教育についての共通理解を図る(校内研修)

（5）キャリア教育の視点で教育課程を見直し，改善する

（6）キャリア教育を実践する

（7）家庭，地域に対しキャリア教育に関する啓発を図る

（8）キャリア教育の評価を行い，その改善を図る

出典）文部科学省『小学校キャリア教育の手引き―小学校学習指導要領（平成29年告示）準拠―』（2022年）38頁より引用

図12－1　学校におけるキャリア教育推進の手順例

　キャリア教育の推進にあたっては，各校でキャリア教育の「全体計画」や「年間指導計画」を作成することが推奨されている。これらが作成されていてこそ，全教職員がキャリア教育を通して身につけさせたい力を意識しながら，各教科や領域等における教育活動に取り組むことが可能となる。いわばキャリア教育の見取り図であり，カリキュラム・マネジメントの第一歩である。

　図12－1に示された手順でいえば，(1)・(2)・(5)の段階で，全体計画，年間指導計画の作成・改善が行われることが想定される。ま

た，社会に開かれた教育課程という視点からは，(7)において，作成した全体計画と年間指導計画を家庭や地域に公開し，目標と目標達成に向けたプロセスの共有を図ることが考えられる。

2．キャリア教育の「全体計画」と「年間指導計画」

次に，キャリア教育の「全体計画」と「年間指導計画」の作成事例を見てみることにしたい。

(1) キャリア教育の「全体計画」

キャリア教育を体系的に進めていく上で必要となる全体計画は，「学校として，キャリア教育の基本的な在り方を内外に示すもの」である（文部科学省『小学校キャリア教育の手引き―小学校学習指導要領（平成 29 年告示）準拠―』（2022 年）43 頁〈以下，手引きとする〉）。全体計画を作成することにより，「学校の特色や重点，それに基づいた教育課程へのキャリア教育の位置付けを明確にすることができ」，また，「各教科等における目指す姿や指導の重点を確認，共有することができる」という利点がある（同頁）。**図 12 - 2**は，東京都板橋区で作成された，区立小学校のキャリア教育全体計画（例）である。

図 12 - 2の構成を見ると，まず，「児童の実態」「地域の実態と願い」「保護者の願い」を把握した上で，「学校教育目標」が立てられていることがわかる。次に「学校教育目標」を達成するための「経営方針」「目指す子ども像」が示され，これらの下に「キャリア教育の目標」が位置付けられ，「児童に身に付けさせたい力」である「基礎的・汎用的能力」[*5] が設定されている。そして，自校の児童に身に付けさせたい力を，どのような教育内容や方法で育成するかについて，「各学年の重点目標」を示すと共に，「各教科等」「道徳」「総合的な学習の時間」「特別活動」「日常の活動」で行われる教育内容との関連を示している。このように，全体計画の書式については，キャリア教育の基本的な在り方を学校の内外に示すという

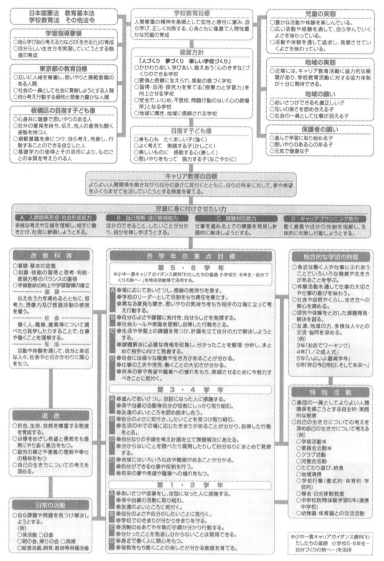

出典）板橋区教育委員会指導室「キャリア教育推進資料（教師用）」（2021年）
https://www.city.itabashi.tokyo.jp/_res/projects/default_project/_
page_/001/012/686/attach_39619_4.pdf（2024年1月10日最終アクセス）
より引用

図12-2　小学校キャリア教育全体計画（例）

趣旨を踏まえると，１枚の用紙に収まっていたほうが見やすく，全体像を把握しやすいだろう。

(2)　キャリア教育の「年間指導計画」

　全体計画を具現化するのが，各学年における年間指導計画である。作成の手順としては，①各校の児童の学年等に応じた資質・能力の目標を決定する→②キャリア教育の全体計画で計画した各資質・能力の目標に基づき，各校の年間行事予定，学年別の年間指導計画に記載する内容を検討する→③各教科，道徳科，特別活動，総合的な学習の時間，学級の取組を相互に関連付け，有機的に指導計画を作成する→④各資質・能力の到達目標に応じた評価の観点を設定し，明確にする，という流れが参考になる（手引き48-49頁）。

　図12-3は，食育に取り組んできた，ある小学校の第6学年の年間指導計画の事例である。これまでの食育の取組を生かしながらキャリア教育の年間指導計画が立てられている。

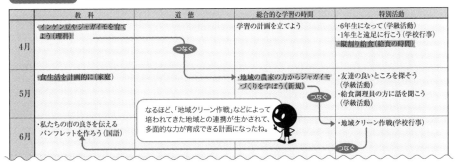

出典）国立教育政策研究所生徒指導・進路指導研究センター『キャリア教育をデザインする「今ある教育活動を生かしたキャリア教育」─小・中・高等学校における年間指導計画作成のために─』（2012年）https://www.nier.go.jp/shido/centerhp/design-career/all_ver.pdf（2024年1月12日最終アクセス）10頁より引用

図12-3　小学校における年間指導計画作成例

国立教育政策研究所が2019（令和元）年に実施した調査*6に
よれば，「キャリア教育の全体計画」を作成している学校は，小学
校で79.9％，中学校で89.9％と約8割に達する一方，「キャリア
教育の年間指導計画」のある学校は，小学校で50.5％，中学校で
80.8％となっている。小学校では年間指導計画の作成が約半数に
とどまっているが，年間指導計画を作成している小学校のほうが，
未作成の小学校よりも，「キャリア教育を通じて育成したい力を貴
校の特色や児童の実態に応じて明確化している」，「教育課程全体を
キャリア教育の観点から整理している」等と回答する割合が高く，
また，年間指導計画のある学校では，ない学校と比べて自校のキャ
リア教育目標の内容を把握している担任の割合が高いことも明らか
になっている。各学校で教員が意識的にキャリア教育に取り組むた
めにも，年間指導計画の作成と共有が重要となる。

第3節　ガイダンスの機能を生かした　　　　進路指導・キャリア教育

　最後に本節では，ガイダンス機能を生かした進路指導・キャリア
教育の取組を概観する。
　まず，平成29年版小学校学習指導要領総則におけるガイダンス
に関する記述について見ると，「主に集団の場面で必要な指導や援
助を行うガイダンスと，個々の児童の多様な実態を踏まえ，一人一
人が抱える課題に個別に対応した指導を行うカウンセリングの双方
により，児童の発達を支援すること」と記載されている。つまり，
主として学級や学年，全校児童生徒を対象に全体で行う指導・支援
がガイダンス，一人ひとりの児童生徒に対する個別的指導・支援が
カウンセリング，と区別できる。
　進路指導・キャリア教育を行う際も，ガイダンスとカウンセリン
グの双方の視点で児童生徒の発達を支援することが必要となる。カ

ウンセリングが児童生徒への個別的な指導である一方，ガイダンスでは，集団での学びによる学び合いや相互の学習の深まりを期待することができるという意義がある。このようなガイダンスの機能を生かした進路指導・キャリア教育の事例としては，高校生の進路ガイダンスがイメージしやすいだろう。例えば，高校卒業後の進路で進学・就職を選択する前段階として，「職業別の説明会」や「文系・理系の選択」をテーマにしたガイダンスが行われることがある。また，大学・短期大学等の教員が高校を訪問して出前授業を行い，その分野で学べることや就職先について話をしたりするガイダンスもよく行われている。このような取組を通じて，学校での学びが将来にどう結びつくのかを生徒間で話し合う機会を作り学習を深めたり，同じ進路に興味をもっている仲間を意識したりして，集団を生かした学びが期待できる。

　このほか，キャリア・ガイダンスの際に，児童生徒の自己理解を促進するために有効なツールとして，キャリア・ガイダンスツールというものがある。いくつか種類があるが，ここでは，独立行政法人労働政策研究・研修機構によって開発された「OHBY（オービィ）カード」を紹介する。

　OHBYカードは，職業カードソート技法を行うために開発されたカード式職業情報ツールである。職業カードソート技法とは，アメリカを中心に海外では広く知られているキャリアガイダンス手法の1つであり，「カードを分類したり，並べ替えたりといった作業をすることで，自分の職業興味や職業に対する価値観を知り，関心のある職業やこれまで知らなかった職業について理解を深めることができる手法」である[*7]。OHBYカードは，トランプのような48枚のカードで構成され，表面に職業の絵と写真，裏面にその職業に関する文字情報等が書かれている。独立行政法人労働政策研究・研修機構のホームページで紹介された標準的な使用方法としては，①

カードの絵や写真を見ながら、「選択する」（実際に選ぶと思う職業，特に興味をひく職業，自分に合っていると思う職業），「選択しない」（実際には選ばないと思う職業，特に興味をひかない職業，自分に合っていないと思う職業），「考え中」（関心のない職業，はっきりしない職業，考え中の職業）の３つに分類する→②「選択しない」に分類したカードについて，選ばなかった理由が似ているものを小グループに分類し，裏面を見てどのような特徴の職業かを理解する→③「選択する」に分類した職業について，好きなものから順番に10職業を選び出して順位をつけ，裏面を見てどのような職業かを理解する，という流れである。カードを用いてグループで作業を行う中で，職業や自分について対話をしたりコミュニケーションをとったりすることが可能なキャリア・ガイダンスツールである。

おわりに

　本章で概観したように，キャリア教育は，各学校の創意工夫の余地が大きい教育活動である。学校の数だけ，キャリア教育の姿があるとも言える。各学校の創意工夫の余地が大きいからこそ，キャリア教育では全体計画，年間指導計画を作成し，カリキュラム・マネジメントを意識して各学校が自律的に取り組むことが重要である。

　また，具体的な指導及び活動過程を明示するための年間指導計画の作成・実施にあたっては，ガイダンス機能とカウンセリング機能をどのように活かすかという視点も意識しておきたい。インターネット上には，様々な学校のキャリア教育の全体計画，年間指導計画，実践例が掲載されているので，これらの情報も参考にしながら，自校の実態や課題，特色を踏まえたキャリア教育をデザインしていくとよいだろう。

〈註〉

＊1　文部科学省『小学校キャリア教育の手引き─小学校学習指導要領（平成29年告示）準拠─』（2022年）16頁。

＊2　藤田晃之『キャリア教育基礎論─正しい理解と実践のために─』実業之日本社（2014年）27頁。その背景には，日本でキャリア教育の実践が初めて提唱された1999（平成11）年から2006（平成18）年頃までは，若年者雇用対策（いわゆるフリーター，ニート対策）の側面が強調されていたという背景がある（同書，45頁）。

＊3　文部科学省HP「高校生のキャリア形成支援教材「高校生のライフプランニング」」https://www.mext.go.jp/a_menu/ikusei/kyoudou/detail/1411247.htm（2024年1月6日最終アクセス）。

＊4　文部科学省HP「カリキュラム・マネジメントとは」https://www.mext.go.jp/content/1421692_5.pdf（2024年1月6日最終アクセス）。

＊5　「基礎的・汎用的能力」とは，①人間関係形成・社会形成能力，②自己理解・自己管理能力，③課題対応能力，④キャリアプランニング能力，の4つの能力によって構成される。各学校においては，この4つの能力を参考にしつつ，各校の課題を踏まえて具体の能力を設定することが望まれている。中央教育審議会答申「今後の学校におけるキャリア教育・職業教育の在り方について」（2011年）。

＊6　国立教育政策研究所生徒指導・進路指導研究センター「キャリア教育に関する総合的研究 第二次報告書」（2021年）。

＊7　独立行政法人労働政策研究・研修機構HP「OHBYカード」https://www.jil.go.jp/institute/seika/ohby/index.html（2024年1月11日最終アクセス）。

〈参考文献〉

・日本キャリア教育学会編『新版 キャリア教育概説』東洋館出版社（2020年）

・藤田晃之『キャリア教育基礎論─正しい理解と実践のために─』実業之日本社（2014年）

・村上純一「進路指導・キャリア教育にみるガイダンス機能」黒川雅子・山田知代・坂田仰編著『生徒指導・進路指導論』教育開発研究所（2019年）

第13章 進路指導・キャリア教育に見るカウンセリング機能

第13章　進路指導・キャリア教育に見るカウンセリング機能

黒川　雅子

はじめに

　児童生徒が望む将来の生き方は，一人ひとり異なるものである。それゆえ，教員は，児童生徒のキャリア形成に向けて，一人ひとりと向き合うことが重要となる。そして，一人ひとりと向き合う進路指導・キャリア教育を実践するにあたっては，カウンセリング機能を生かした教員の指導が不可欠と言える。

　本章では，進路指導・キャリア教育において，教員に求められるカウンセリング機能を理解するために，まず，キャリア・カウンセリングについて押さえる。また，キャリア発達とライフキャリアの捉え方について理解した上で，カウンセリング機能を発揮した進路指導・キャリア教育の実現に向けて，キャリア・パスポートの活用意義について考えることとしたい。

第1節　進路指導・キャリア教育とカウンセリング

1．キャリア・カウンセリング

　カウンセリングとは，学習指導要領総則において，個々の児童生徒の「多様な実態を踏まえ，一人一人が抱える課題に個別に対応した指導を行う」こととされている（平成29年版小学校学習指導要領23頁，平成29年版中学校学習指導要領25頁，平成30年版高等学校学習指導要領29頁）。また，カウンセリングの観点から説明される生徒指導の在り方を見てみると，「自己の可能性や適正

についての自覚を深めるように働きかけたり，適切な情報を提供したりしながら，児童生徒が自らの意志と責任で選択，決定することができるようにするための相談・助言等を個別に」行うことと説明されている（『生徒指導提要』27頁）。

　つまり，カウンセリングとは，児童生徒一人ひとりと向き合い，個別に対応することを意味するものと言える。このことから，キャリア教育の一環として実践される個に応じた支援や指導が，「キャリア・カウンセリング」と呼ばれている。

　キャリア・カウンセリングは，児童生徒一人ひとりとの対話を通したキャリア教育を意味するものといえ，特に面談の時間を設定していない対話であっても，その場面を活用して，個別の支援を充実させていくことができる。しかし，従来，学校においては，主に中学校，高等学校で行われる教員と生徒で行う二者面談や保護者も加わって行う三者面談に代表される進路相談が，キャリア・カウンセリングに当たる指導だと限定的に捉えられ誤解される傾向にあった。教員は，進路指導が，あくまでキャリア・カウンセリングの一つの形態でしかないということを理解しておく必要がある（図13－1）。

　このように，キャリア・カウンセリングの実践は，中学校，高等学校に限ったものではなく，小学校においても必要となることを見落としてはならない。文部科学省は，キャリア・カウンセリングについて，「発達過程にある一人一人の子どもたちが，個人差や特徴を生かして，学校生活における様々な体験を前向きに受け止め，日々の生活で遭遇する課題や問題を積極的・建設的に解決していくことを通して，問題対処の力や態度を発達させ，自立的に生きていけるように支援することを目指」していることから，キャリア教育の目標と同じであるとしつつ，「キャリア・カウンセリングは「対話」，つまり教師と児童・生徒との直接の言語的なコミュニケーションを手段とすることが特徴」だとしている[1]。

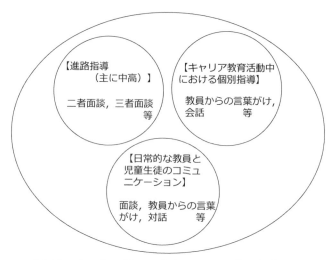

【進路指導
　　（主に中高）】

二者面談，三者面談
　　　　　　　等

【キャリア教育活動中
における個別指導】

教員からの言葉がけ，
会話　　　　等

【日常的な教員と
児童生徒のコミュ
ニケーション】

面談，教員からの言葉
がけ，対話　　　等

図13-1　キャリア・カウンセリングの実践場面

　この考えの下，文部科学省は，特に小学校におけるキャリア・カ
ウンセリングの実践について，広義と狭義の両面から理解すること
の重要性を指摘する。前者においては，「小学校がこれから続く学
校生活の基盤として，学校や教師への信頼，そして学ぶことへの喜
びを体験する大切な時期であるという認識に立って，教師がそれぞ
れの子どもの存在を尊重して温かい人間関係を築くことを意味」し
ているとする。この点，「子どもたちとの温かで教育的な人間関係
を築くためには，教師は一人一人の子どもとのコミュニケーション
を図る能力を向上させることが不可欠」となることを見落としては
ならない。

　一方，後者については，「子どもたちが新たな環境に移行したり
未経験の学習課題に取り組む際には不安も大きく問題を引き起こし
やすいことを意識し，単に不安の解消や問題解決だけでなく，新た
な環境や課題に勇気を持って取り組めることを目的とした個別の支
援」を指すとしている[*2]。

2．カウンセリングの技法

　教員が行う児童生徒との面談や，教員から児童生徒に対する個別の言葉がけ等を通して行うキャリア・カウンセリングには，重要な役割がある。こうしたキャリア・カウンセリングがきっかけとなり，児童生徒の学習意欲が向上したり，将来の生き方を考える機会になり得るからである。

表13-1　教育相談で用いるカウンセリング技法

つながる言葉かけ	いきなり本題から始めるのではなく，始めは相談に来た労をいたわったり，相談に来たことを歓迎する言葉かけ，心をほぐすような言葉かけを行います。
	例：「部活のあと，ご苦労さま」「待ってたよ」「緊張したかな」 など
傾聴	丁寧かつ積極的に相手の話に耳を傾けます。よくうなずき，受け止めの言葉を発し，時にこちらから質問します。
	例：「そう」「大変だったね」 など
受容	反論したくなったり，批判したくなったりしても，そうした気持ちを脇において，児童生徒のそうならざるを得ない気持ちを推し量りながら聞きます。
繰り返し	児童生徒がかすかに言ったことでも，こちらが同じことを繰り返すと，自分の言葉が届いているという実感を得て児童生徒は自信を持って話すようになります。
	例：児童生徒「もう少し強くなりたい」 　　教員「うん，強くなりたい」
感情の伝え返し	不適応に陥る場合には，自分の感情をうまく表現できない場合が少なくありません。少しでも感情の表現が出てきたときには，同じ言葉を児童生徒に返し，感情表現を応援します。
	例：児童生徒「一人ぼっちで寂しかった」　教員「寂しかった」
明確化	うまく表現できないものを言語化して心の整理を手伝います。
	例：「君としては，こんなふうに思ってきたんだね」
質問	話を明確化する時，意味が定かでない時に確認する場合，より積極的に聞いているよということを伝える場合などに質問を行います。
自己解決を促す	本人の自己解決力を引き出します。
	例：「君としては，これからどうしようと考えている？」「今度，同じことが生じたとき，どうしようと思う？」

出典）文部科学省『生徒指導提要』（2010年）より引用

先に述べた通り，進路指導においても，キャリア教育においても，児童生徒一人ひとりが思い描くキャリアは異なることから，指導する際，カウンセリング機能が有効に働くことが重要となることは言うまでも無い。そして，教員が，進路指導やキャリア教育の場面でカウンセリング機能の活用を図るためには，そのスキルについての基本的理解を図ることが必要と言える。この点，旧生徒指導提要では，教育相談で用いるカウンセリング技能の内容が示されていた（**表13-1**）[*3]。児童生徒に対するキャリア・カウンセリングの実践においても，これらスキルを援用することになることから，基本的理解を図っておくことが必要である。

第2節　キャリア発達とライフキャリア

　2011（平成23）年，中央教育審議会は，キャリアについて，「ある年齢に達すると自然に獲得されるものではなく，子ども・若者の発達の段階や発達課題の達成と深くかかわりながら段階を追って発達していくもの」と指摘した。そして，「キャリア発達」については，「社会の中で自分の役割を果たしながら，自分らしい生き方を実現していく過程」のことと整理した（中央教育審議会答申「今後の学校におけるキャリア教育・職業教育の在り方について」（平成23年）17頁）。その後，文部科学省は，2022（令和4）年に発表した「小学校キャリア教育の手引き―小学校学習指導要領（平成29年告示）準拠―」において，「キャリア発達」は，人が生きていく中で，「社会との相互関係を保ちつつ自分らしい生き方を展望し，実現していく過程」のことだと説明した（24頁）。

　では，自分らしい生き方とは，どのような生き方と考えればよいのだろうか。この点については，人が「生涯の中で，様々な役割をすべておなじように果たすのではなく，その時々の自分にとっての重要性や意味に応じて，それらの役割を果たしていこう」とするこ

とだと考えられている（同手引き24頁）。

　すなわち，人は，生きていく中で，自分をとりまく環境に応じて，自らの行動や考え方を変容させたり，環境に働きかけてよりよい状態を形成する能力を身につけ適応能力を磨いていくことができると考えられている。そして，キャリア発達を促すためには，児童生徒の発達段階に応じて，何歳くらいにはこうなりたい，こうありたい，こういう自分になっているかもしれないと考えさせることも重要となる。

　この点，自らの歩みを考えさせるために，ドナルド・E・スーパーによる，生涯における役割の分化と統合の過程の図が参考となる（図13-2）。

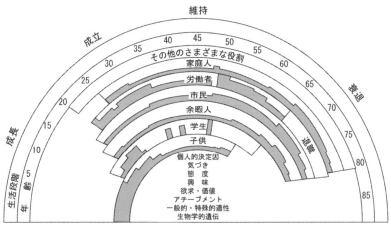

出典）文部科学省「小学校キャリア教育の手引き―小学校学習指導要領（平成29年告示）準拠―」（2022年）より引用

図13-2　ライフ・キャリアの虹

　「子供」，「学生」，「余暇人」，「市民」，「労働者」，「家庭人」，「その他」というように，人は，様々な役割を果たしながら生きていることが分かる。キャリア・カウンセリングを行う際には，「子供」に期待される役割，「学生」に期待される役割について，それぞれ

どのようなものであるのかを児童生徒に考えさせる言葉がけを行うことが重要となる。ここで，児童生徒一人ひとりが，それぞれの目指す姿に基づき，現時点での自分，5年後，10年後の自分が，期待される役割を果たすために，今からどのようなことに取り組むことが出来るかを考え，行動していく態度を育成することこそ，キャリア発達を促すことになると言えよう。

第3節　キャリア・パスポートとその活用

1．キャリア・パスポート

　キャリア・カウンセリングを行うには，児童生徒一人ひとりのこれまでの経験や，今後の見通しなどを記載した個人の記録を作成することが望ましい。こうした児童生徒の個人の記録は，一人ひとりの学習の評価にも繋がるものだからである。

　中央教育審議会は，何が身についているのか，どのような経験から何を学んだのかという学習評価を充実させる一つの方策として，「子供一人一人が，自らの学習状況やキャリア形成を見通したり，振り返ったりできるようにすることが重要である。そのため，子供たちが自己評価を行うことを，教科等の特質に応じて学習活動の一つとして位置付けることが適当である。例えば，特別活動（学級活動・ホームルーム活動）を中核としつつ，「キャリア・パスポート（仮称）」などを活用して，子供たちが自己評価を行うことを位置付けることなどが考えられる」とした（中央教育審議会「幼稚園，小学校，中学校，高等学校及び特別支援学校の学習指導要領等の改善及び必要な方策等について（答申）」平成28年）。小学校から高等学校に至るまでのキャリア教育に関わる活動について，「学びのプロセスを記述し振り返ることができるポートフォリオ」的な教材の作成，活用が効果的ではないかとし，それを「キャリア・パスポート」として示したのである[*4]。

　その後告示された，平成29・30年版小・中・高等学校学習指導要領では，特別活動に位置する学級・ホームルーム活動の内容の取扱いにおいて，「学校，家庭及び地域における学習や生活の見通しを立て，学んだことを振り返りながら，新たな学習や生活への意欲につなげたり，<u>将来の（在り方）生き方を考えたりする活動を行うこと</u>」，その際，児童生徒が「<u>活動を記録し蓄積する教材等を活用すること</u>」（下線は筆者）が示された（括弧書きは高等学校学習指導要領の表現）。そして，2019（平成31）年3月29日に出された事務連絡「「キャリア・パスポート」例示資料等について」の別添である「『キャリア・パスポート』の様式例と指導上の留意事項」において，児童生徒が活動し蓄積する教材等を「キャリア・パスポート」と呼ぶことにすると明記されるに至っている。

　なお，この事務連絡においては，キャリア・パスポートになり得る教材については，「小学校から高等学校まで，その後の進路も含め，学校段階を越えて活用できるようなものとなるよう，各地域の実情や各学校及び学級における創意工夫を生かした形で活用されるもの」であるとする考えが示されている。その上で，学校設置者に対し，2020（令和2）年4月までに，事務連絡と共に発した例示資料等を参考とし，「各地域・学校の実情に応じた教材の作成等の準備に着手し，円滑」に実施することを求めた。

　なお，この事務連絡以降，例えば島根県教育委員会は，家庭や地域と連携を図りながらキャリア教育を進めていくために**図13-3**を作成し，キャリア・パスポートの記載方法を保護者や地域住民にも周知している。教員は，この事務連絡とともに発せられている「キャリア・パスポート」例示資料の校種別指導者用を参考とし，キャリア・パスポートの意義を理解しておくことが必要となろう[5]。

2．キャリア・パスポートの活用

　キャリア・パスポートの作成は，児童生徒が自らの学びを蓄積さ

出典）島根県教育委員会「つなぐ」
https://www.city.yasugi.shimane.jp/gakkou/iinashi-es/kouhou/index.data/
kyariapasu.pdf（2023 年 12 月 6 日最終アクセス）より引用

図 13-3　キャリア・パスポートの周知資料

せ，必要に応じて，学びを振り返ることに役立つものとなる。また，学びの蓄積を社会や将来につなぎ見通しをもって考えることを可能とし，主体的に学びに向かう力を育成することを可能とする。キャリア・パスポートを活用し，自らの振り返りと見通しを立てることを繰り返すことで，児童生徒一人ひとりのキャリア形成の道筋を描いていくことができるのである（**図13-4**）。

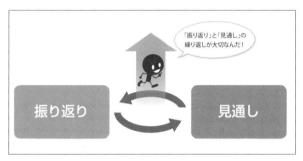

出典）国立教育政策研究所生徒指導・進路指導研究センター「キャリア・パスポートって何だろう？」（平成30年）より引用

図13-4　キャリア・パスポートを活用したキャリア形成のイメージ

文部科学省は，2022（令和4）年に「小学校キャリア教育の手引き―小学校学習指導要領（平成29年告示）準拠―」を，2023（令和5）年に「中学校・高等学校キャリア教育の手引き―中学校・高等学校学習指導要領（平成29年・30年告示）準拠―」を発表している。そこでは，共通して，キャリア・パスポートに含まれる内容として，以下の点をあげている。

(1)　児童生徒自らが記録し，学期，学年，入学から卒業までの学習を見通し，振り返るとともに，将来への展望を図ることができるものとする

(2)　学校生活全体及び家庭，地域における学びを含む内容とする

(3)　学年，校種を越えてもち上がることができるものとする

(4) 大人（家族や教師，地域住民等）が対話的に関わることができるものとすること

(5) 詳しい説明がなくても児童生徒が記述できるものとすること

(6) 学級活動・ホームルーム活動で「キャリア・パスポート」を取り扱う場合にはその内容及び実施時間数にふさわしいものとすること

(7) カスタマイズする際には，保護者や地域などの多様な意見も参考にすること

(8) 通常の学級に在籍する発達障害を含む障害のある児童生徒については，児童生徒の障害の状態や特性及び心身の発達の段階等に応じて指導すること。また，障害のある児童生徒の将来の進路については，幅の広い選択の可能性があることから，指導者が障害者雇用を含めた障害のある人の就労について理解するとともに，必要に応じて，労働部局や福祉部局と連携して取り組むこと

(9) 特別支援学校においては，個別の教育支援計画や個別の指導計画等により「キャリア・パスポート」の目的に迫ることができると考えられる場合は，児童生徒の障害の状態や特性及び心身の発達の段階等に応じた取組や適切な内容とすること

　これらの点に留意し，児童生徒にキャリア・パスポートを作成させていく過程において，児童生徒が，現在の自分及び将来に向けた生き方や進路について考えるきっかけとなることは言うまでもない。キャリア・パスポートは，児童生徒が行う自己評価にもなり得るものである。それゆえ，キャリア・パスポートを作成させながら教員は，カウンセリング機能を生かし，児童生徒が経験してきたことを認めるとともに，今後目指すべき方向性に向けて励んでいくことができるよう，児童生徒一人ひとりに指導していく姿勢が求められることになる。

おわりに

　進路指導・キャリア教育を実践していく中で教員が難しさを感じることがあるとすれば，それは，児童生徒が思い描く未来が一人ひとり異なっているという点であろう。だが，このことに十分に目を向けなければ適切な進路指導・キャリア教育を行うことは出来ない。

　その意味において，教員は，児童生徒が，自らの「過去」「現在」「未来」をどのように考えているかということに目を向け，児童生徒一人ひとりが「あるべき姿」「なりたい姿」へと歩みを進めていくことができるよう，支援していくことが重要となる。それゆえ，カウンセリング機能を生かした指導に必要となる知識，スキルを習得しておくことが求められよう。

〈註〉
＊1　文部科学省「小学校キャリア教育の手引き—小学校学習指導要領（平成29年告示）準拠—」（2022年）76頁。
＊2　前掲註1と同じ。
＊3　カウンセリング技法についての記述が，『生徒指導提要（改訂版）』では割愛されていることから，ここでは旧生徒指導提要に掲載されていた内容を使用している。
＊4　前掲註1，29頁。
＊5　文部科学省HP「「キャリア・パスポート」例示資料等について」
https://www.mext.go.jp/a_menu/shotou/career/detail/1419917.htm（2023年12月4日最終アクセス）。

〈参考文献〉
・国立教育政策研究所生徒指導・進路指導研究センター編『学びをつなぐ！「キャリア・パスポート」』光村図書（2023年）

執筆者一覧

◆編著者
黒川　雅子（くろかわ・まさこ）　　　　　執筆章：第1章，第13章
現在：学習院大学教授
専攻：教育法規・教育実践論
主な著作：
　『新訂第4版 図解・表解教育法規』（共著）教育開発研究所（2021）
　『生徒指導とスクール・コンプライアンス― 法律・判例を理解し実践
　に活かす』（分担執筆）学事出版（2015）

山田　知代（やまだ・ともよ）　　　　　　執筆章：第2章，第12章
現在：立正大学准教授
専攻：教育制度学・教育法規
主な著作：
　『新訂第2版　保育者・小学校教員のための教育制度論― JSCP双書
　No.3』（共編著）教育開発研究所（2023）
　『生徒指導・進路指導』（共編著）学事出版（2014）

坂田　仰（さかた・たかし）　　　　　　　執筆章：第10章，第11章
現在：日本女子大学教授
専攻：公法学・教育制度学
主な著作：
　『裁判例で学ぶ 学校のリスクマネジメントハンドブック』時事通信社
　（2018）
　『学校のいじめ対策と弁護士の実務』（編集代表）青林書院（2022）

◆**分担執筆者**

※所属・肩書きは2024（令和6）年4月1日現在

國本　大貴　　新堂・松村法律事務所弁護士（第3章）

田中　洋　　　淑徳大学教授（第4章・第8章）

寝占　真翔　　帝京科学大学助教（第5章）

戸田　恵蔵　　銀座第一法律事務所弁護士（第6章）

小美野　達之　堺みくに法律事務所弁護士（第7章）

小林　晃　　　日本女子大学非常勤講師（第9章）

JSCP 双書　No. 5

【新訂版】生徒指導・進路指導論

2024年4月1日　第1刷発行

編　集　　　黒川 雅子
　　　　　　山田 知代
　　　　　　坂田　仰
発行人　　　福山 孝弘
発行所　　　株式会社 教育開発研究所
　　　　　　〒 113-0033　東京都文京区本郷 2-15-13
　　　　　　電話　03-3815-7041
　　　　　　FAX　03-3816-2488
　　　　　　URL　https://www.kyouiku-kaihatu.co.jp
　　　　　　E-mail　sales@kyouiku-kaihatu.co.jp
表紙デザイン　㈱クリエイティブ・コンセプト
印刷所　　　中央精版印刷株式会社